奇蹟の霊言

野際ミネ子 著
野際つや子 編

たま出版

▲秋季大祭のとき、著者・野際ミネ子の頭上、御鏡から現れたご神霊。

▶今から二十数年前、著者が四国を巡礼しているときに知り合った方からもらった弘法大師の念写写真。後に、弘法大師が著者に下ったときに、「これは、四十二歳ごろの私の姿です」とおっしゃった。（編集部注：昭和五年に三田公一氏により念写されたもの。福来心理研究所・所蔵）

平成11年7月15日　弘法大師様よりの伝授

◎血止めの術

ちり紙（なければ大きい葉っぱ等）
1×2（いんに）が2、2×2（ににん）が4、4×4（しし）が16と折る。
息を3回吹きかけて、出血の箇所へ当ててしばらく置く。

◎面接前・人前に出るのが怖い・人に負けたくないとき

手のひらに、人人人と3回書く。続いてペロペロペロと3回嘗め、フウフウフウと息をかける。

「あぶらうんけんそわか」と、3回唱える。

（※まじないをした後で必ず使う言葉）

◎どろぼうよけのカンヌキ止め

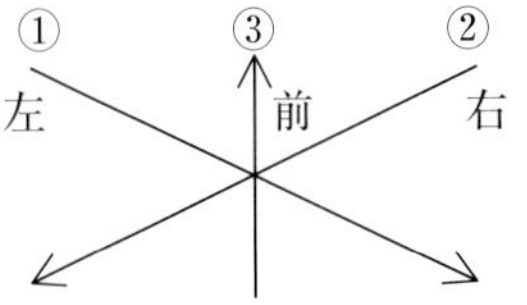

この術によりどろぼうがはねとばされる。
エイエイエイと力を込めて、右手で左の図のように1回ずつ払う。
①から③の順で払うが、③は手前から前方に突きさすように払う。真心を込めることによって効力がある。
（まじなう心が方々に気を配ることができる）

◎九字の切り方

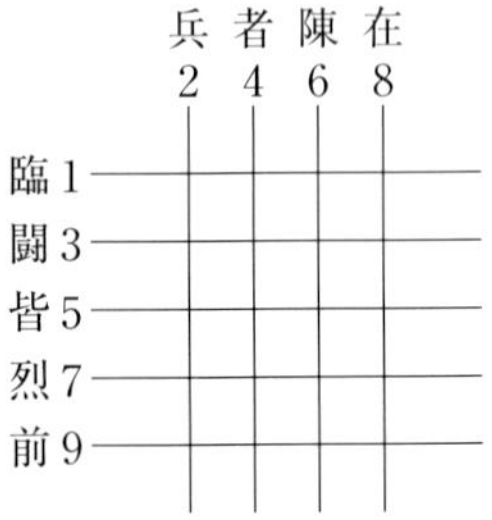

外出のとき、体の痛むときの護身の術として覚えておく。

左手を腰に当てる。
右手は剣として九字を切り、
最後は、上記のカンヌキ止めを行ってとめる。

はじめに

編者・野際つや子

和歌山県和歌山市塩屋五丁目六番一号に、宗教法人神道實行教《じっこうきょう》・誠心教会という信仰修養団体があり、その会長をつとめるのが野際ミネ子大教正です。

神歌に、

空晴れて
　昇る朝日のさわやかに
　　光さし入る己が住まいよ

と謳われ、当教会神殿にお祀《まつ》りしている天祖参神、またの御名、参鏡《みかがみ》様は、

天御中主之大神（あまのみなかぬしのおおみかみ）
高皇産霊之大神（たかみむすびのおおみかみ）

神皇産霊之大神（かみむすびのおおみかみ）

であらせられ、参柱の大神と申し上げます。大神はすなわち神々の根源に在《ま》しまされ、八百萬《やおよろず》の神々の大元《おおもと》の神様でございます。

参鏡様は生命《いのち》を慈しみ愛《め》でたまい、和を尊重なさいます。副祭神であらせられる高彦王大神はこの参柱の大神の系神で、人類に愛を授けられた神であります。

野際ミネ子大教正は、幼少のころより神仏に憧憬があり、幼い子供たちとの遊びのなかでも、泥土で神のお姿を手づくりし、草花を手向け、また娘時代には、一人山野に出かけ、榊《さかき》やしきびを無意識のうちにその手に持ち、神仏に供花するという、生まれながらに信仰厚い方でした。

第二次世界大戦中、愛する夫を戦地に送り、朝に夕に武運長久を祈願し、必死に大神の御心におすがりしましたところ、その誠心が天に通じ、東京都（現在は埼玉県に移転）にある神道實行教本庁に導かれ、神の教えに徹して修行を重ね、本庁より行名をいただきました。

そして、昭和二十五年二月、郷土和歌山県有田郡清水町において、突然その身が宙（空中）に浮き、手にしていた祓《はらい》は天井に吊り上げられ、天の大神高彦王大神が神応されたのでした。

大神は、「我こそは人類に愛を授けし神なり」と、戦後のすさんだ人の世を救いたまうべく、神の代わりを探し求められていたのですが、このときようやく神の御心に叶う人として、大教正に御降臨くださったのであります。

その後、大教正は大神と一心一体となり、さらに修行を重ね、加持祈祷禁厭《かじきとうきんえん》をもって人々を救い、広大無辺の大神の大御心《おみこころ》で数知れぬ苦難をひらき、家内安全、無病息災、家業発展を御祈願し、社会のため日夜修業を積まれ、信徒信者の鑑《かがみ》と尊敬を集めております。

野際大教正は、突然の神通力によって神に変身され、世の人々の悩み苦しみを救っておられます。偉大な神の御力におすがりしようと、日々信徒が早朝より押しかけ、そのご慈愛をいただいているのです。

私は、身近に大神の御高徳を仰ぎ、病のとき、苦難のとき、御神徳による奇蹟やお力づけをいただくことがいくたびかありました。そして、いつも、大変ありがたい神の御言葉を拝聴できるご縁を持った幸せを、深く心に刻んでまいりました。

弘法大師様は、多くの神々がお下《さが》りなさるのと同じように、昭和四十八年七月十五日、初めて当教会にお下りくださり、以来、毎年七月十五日は、弘法様のお講話の日として、信徒の誰しもが楽しみにお待ち申しあげるようになりました。お話はいつも大変に感銘深く、「私たちばかりでなく、もっと多くの人にもお聴かせしたい」と常々考えておりました。私のみならず、信徒の誰もが同じ気持ちです。

大神様方のお言葉、弘法大師様のお講話、不思議な奇蹟のことなど、数えきれないさまざまなことを、なんとか文書にして、形あるものに残しておきたく、大教正の息子の家内として、いつも義母《はは》上に申し上げ、ぜひ実行したいものと念願いたしておりました。

最近、昭和六十二年七月のお講話のテープを拝聴したところ、反省したり、力づけていただくことが多く、改めて、一人でも多くの方々に幸せへの道を歩んでいただきたいと実感しました。

そこで、これまでのお講話を抜粋して、「霊言集」としてまとめると同時に、不思議な奇蹟などを採録いたしました。人の生きるべき道や生活の心構え、家族愛、隣人愛といったものの大切さを感じ取っていただければ幸いです。

なお、出版にあたりまして、㈱たま出版の中村専務様にいろいろとお世話、お骨折りをいただきました。心より感謝を申し上げます。

はじめに

著者・野際ミネ子

思い返してみますと、私が大神様の御導きに入らせていただいてから、もう六十余年が過ぎました。その間、主人が警察に勤めていましたので、転勤にしたがって、行く先々で不思議なことに出会いました。そして、神々様の御導きやお力、霊魂の働きなど、しみじみと感じ驚いたことが幾度かあります。

たとえば、長い年月寝込んでおられた人が、浄霊していただいて、その日のうちに起きあがれるようになり、またあるときは、朝から次々と腹痛を起こす人が出て大変だったのですが、呼ばれていった先々で、神様が体に手を当てるとすぐ痛みが止んで、皆さん元気になって起き上がり、とても驚いたこともありました。

和歌山市・塩屋に落ち着いてからの三十五年間のことも合わせて、長い間に起こった不思議なことの数々は、とてもここに書き記すことができないくらいです。大神様のお力のありがたさは、日々ご用をさせていただいた者でないとわからないかもしれません。

弘法大師様がお下《さが》りなさって、お講話をお受けするようになってから、三十余年かと思います。当初は、修業に回られたときの思い出や、唐に渡られたときのことや、痛み止め、血止め、九字の切り方などを親しくお教えくださいました。そのころはテープに録音しておくという知恵もなく、聞き流しておりまして、本当にもったいないことをしたと後悔しております。

その後、録音するようにいたしまして、弘法大師様のお話やたくさんのお言葉がテープに残りました。それを嫁のつや子が、「一人でも多くの方々にお伝えしよう」と、出版の労を取ってくれました。

今日ここに、弘法大師様、神々様のお言葉を出版できましたこと、深く感謝申しあげます。

奇蹟の霊言　目次

第三章

第一章　弘法大師の霊言

昭和五十七年七月十五日

やりぬくことが成功への道

弘法が定《じょう》に入ってから今年でもう千百五十八年になります。思えば長い時間でございます。しかし弘法は今に息をし、こうして皆様とともに膝を交えてお話しでき得《う》ることを、しっかりと皆様のお耳に、お目にご照覧いただけんことを、乞い願う次第でございます。

承和《じょうわ》二年三月十五日、弘法は、念ずることがあって、定に入らんことを弟子の者たちに打ち明けたのであります。その時は、皆がなんとかして止めようと、すがりすがって泣きわめいてくださりました。

第一の高弟も、当時三十二歳でしたが、自分の命を捨ててまでもとすがって止めてくれました。しかし、弘法のそのときの気持ちには変わりなく、定に入ることを弟子の前で断言し、三月二十一日寅の刻《こく》その場において、入定《にゅうじょう》（死ぬこと。入滅すること）いたしたのでありました。

皆様方、入定というのは、今は皆様方が霊魂というものや、あらゆることを研究されていらっしゃるので、どういうものかご存知と思いますが、承和のころには皆恐れおののき、泣きわめいたものでありました。

弘法がなぜこのように定に入るようなことを考えたか、これは生きたままで成仏し、そして魂の不滅を念願したのであります。あのキリスト様が高い十字架の上で、皆様方の難行の消滅を願って命を落とされましたが、これも本当は命を投げ打って人民の苦しみ、難儀を救おうとしたのであります。

キリスト様は、なにも悪いことをしたから処刑されたのではない。皆様方のあらゆる罪状、穢《けが》れを一身に受けて、神の御国に参ったのであります。弘法もそのとおり、生きたそのまま定に入って皆々様の人民幸福を願ったのであります。

その念願叶って、今は高野の山では「弘法は生きておる」という信仰において、皆様方が一生懸命お参りくださり、行もいたしてくれるのです。このことを思えば、弘法が生まれ落ちてこのかた、一生懸命行をしたことが、徒《あだ》やおろそかでなかったと、喜びに堪えない次第です。

弘法は、幼きころは真魚《まお》と申し、仏の道に入ろうというそのような心持ちは、幼かったのでなかったけれども、いつもお地蔵様をつくっては拝んでおりました。これは、生まれながらに仏の道に入るべく、修行しなければならないようになっておったのだと思います。

聞くところによれば、この代《だい》（著者・野際ミネ子のこと）も、三つの年から土をこねては、地蔵様や神々の形をつくって念じておったとのことで、これは同じことであり、生きながらにこの道に携わらなければならなかったことのあらわれだと思います。

それから弘法は、あらゆる苦行をし、あちこちを回り、四国の山々を回って唐《とう》の天竺まで参り、仏教を研究し阿闍梨《あじゃり》の位をいただいたのですが、それまでは本当に、爪に火をともすほどの苦しみでありました。

各地を回るうちにはいろんなことがありました。四国の山々を回り、寺を建立《こんりゅう》しましたが、回るときには、皆様方の心境、心を探るべく、おんぼろの衣を纏《まと》ったのであります。着飾って綺麗にして回ったのでは、心、本当の心がわからない。ぼろぼろの衣服を着て乞食の姿になって回っていくと、本当に人の心がわかる。

「ああ可哀想。少しのものでも、自分たちも苦しい生活はしておるけども、どうぞ、この一杯のお粥でも召し上がってつかわさいよ」

と、手を差し伸べてくださる人もいることがわかるのです。

ところが、矢の心を持つ人に会うと、
「汚い。そんなところに立ってくれるな、あちらへ行け」
と、蹴っ飛ばされたり、水をかけられたり、箒《ほうき》で殴られたり、あらゆることをされました。

そういった経験こそが、人民救済の道に携わる者が心から人々の心を捉《とら》えるための、またその人を導くための所存になったのです。そして、あらゆる行をいたしたおかげで、高野に戻ってから一本一本の木を切り、定をし、今にあっては弘法大師の名を貫かせていただいたのです。

皆様、いかなることでも、自分がこれと心に決めたら、なにごともやりぬこうという精神が一番大事。途中で、こんなことをしてはえらい（疲れる）ばかりだと、放ってしまってはなんにもならない。山登りも、途中で折り返してしまうと頂上へは登れません。

この世は苦の世界である。楽しいことは半分、苦は二倍になってくる。ところが、その苦を苦と思わずやりぬけば、頂上を目指す山登りのように、成功の道を収められるのです。

沈香新《じんこうあら》たく、一生懸命にやりぬいてください。

感謝という財産

「病は気から」といつも申されるが、「こんな病気くらいなんともない」と思ったら、その病気は全部消滅する。「病の気《やまいき》」と書いて病気という。気を病むという。気を病むことを今から捨てて、「自分は幸せなんだ、幸福なんだ」と、あらゆるものに感謝するという気持ちを持ちなさい。

朝起きたら、お天道さんは、ずっと自分たちを照らしてくださっている。空気がふんだんにある。自然の光に導かれて、あらゆるものが生長している。ここには代償《だいしょう》というものがない。世のなか、人と人との間には、お金のやり取りがあるが、神や仏、あらゆるこの自然界には、代償、つまり栄誉や見返りを欲しいという心がない。

いつも燦々《さんさん》と降り灌《そそ》いでくれるけれども、お日様に皆様方は、「一日照らしてくれたからいくらあげよう」ということはないでしょう。このときは、ただ、「ありがとうございます」という感謝がこの代償なのです。感謝を忘れる方は、本当にいい魂をいただけない。

魂を磨いてこそ極楽へ行けます。この世を極楽の心で送ってこそ、本当に極楽浄土へ参ることができるのです。この世で、地獄のような気持ちをもって暮らした人は、死んでからなんぼ極楽へ行きたいと思っても、なかなか行けない。

人々のために尽くし、感謝を持って暮らす。そして人には親切にしてあげる。親切、笑顔、愛情、これは皆様方の全財産である。人に感謝し、ありがとうという心を持ち、人を導いてあげよう、守ってあげようという愛情と親切がなかったら、本当の幸せな人ではないのです。

人の幸せとは、人に親切にしてあげること。人から感謝をしてもらえること。心に孤独を持って、いつも「ああ淋しい、辛い」と、不平不満ばかりを念じているような人は、なんぼお金があろうが、財産があろうが、孤独な人である。本当にこの世を、幸せに、極楽に送っている人だとはいえない。

心から人に敬われ親切にしてもらえる、感謝してもらえる、なにかあったときには飛んできてもらえるような、そのような人になることこそ、あなた方が大きな財産をもっておることである。

信用は大きな財産だといつも申される人がいますが、そのとおりで、信用あってこそ、この世は成り立ってゆく。大きな信用と、心の安らぎと、助け合う心を持って、この世を極楽にお送りくださるように。

弘法が生前、いつも思っていたことは、

「自分をあとにして、人の幸せを願おう、人が幸せになり『ありがとう』と言ってくれれば、自分が一番幸せになれるのだ。人から感謝してもらえればこれだけの幸せはない」

「もし自分にあらゆる財産があっても、人から誹《そし》られ、恨まれては、なにも幸せではない」

このように心から念願していたのです。

生まれたところを出るときには、「いかなる苦労にも負けじ」という決意をもって出ました。


若いときは二度ない、苦労も結構、やろうという精神も結構だけど、年老いて子に傅《かしず》かれ、慕われ、本当に心から愛情を持ってもらえるような老後を、誰しも持ちたいと思うでしょう。そのためには皆様方、今より以上に良き生活をしていただきたい。

嫁が舅《しゅうと》に、姑《しゅうとめ》が嫁に、親切に尽くし合う、礼し合う、喜び合う、この気持ちを持てば、家庭はうららかな極楽の家庭となり、妻が夫に、夫が妻に対し、「ありがとう。良くやってくれる、お前があればこそ」というその感謝を持つならば、その家庭は幸せに繁盛してゆくのです。

昭和五十八年七月十五日

魂を磨くこと

振り返ってみればもはや千二百有余年、生まれてこのかた、神を敬い、仏に仕え、世を治め、人を導くことを念じて過ごして来た弘法にございます。皆様方ご存知のとおり、弘法は讃岐にて出生し、五つのときから衆生《しゅじょう》のために命を捨てる考えにて、諸々《もろもろ》と修業いたしました。三十歳のときに心を決し、唐の国、今では中国と申す国に渡って、中国にある仏教を一心に修め、ここにて阿闍梨《あじゃり》の位をいただき、二年後立ち帰った次第。

それから十年は、あちこちを回り、四国の果てから九州、また京都、あらゆるところにおいて痕跡し、今に至る寺院も残りおるが…。

それから四十二歳にて高野に辿り着き、六十一歳でこの世を収めるまで、一生懸命に布教いたしたものであります。

それから後は、弘法のこの体は無いけれども、霊界においてはまだ生きたるごとく、「皆様方と共にあり」という気持ちをもって、日々励んでおります。

死後の世界というものは、極上をきわめれば、天上界、霊界、幽界。そしてこの地上は、皆様住まいする実情界というのです。

世界を異《こと》にするけれども、暮らしは同じにて、徳を積む者は天上にあり、心を磨くことを忘れ、人を恨み、人を蔑《さげす》み、人を苦しめた者は、自縛霊となりて、幽界に彷徨《さまよ》うものである。

この幽界の暮らしは、なかなかにできぬもの、暗いところに落ち込んで大変苦労いたしている者が見える。一つひとつ手をとってお話ししても、この世に生きる皆様方には、幽界というものが、はっきりとはおわかりくだされぬことと思うが、この幽界の生活を通りぬけて、でき得る限り修業し、魂を磨かれて、ようように辿るのが霊界。霊界に入れば、そこにてまた修業の道あり、その修業を終われば、今度は天上界という、地上よりとんと高いところに道がある、光り輝く明るい場所に行きます。

幽界というところは暗いところ。暗いところの生活はジメジメした、浮かばれない亡者たちの労苦の世界。このような苦の世界に落ちないように、しっかりした心構えをもって、この世に生ける皆様方は、修業を積まれることが肝要です。どのようなことが一番に大事かというと、魂を磨かれることであります。神も仏も、魂は白紙《しらかみ》のごとく真っ白く輝くものです。磨かれてない魂は黒くて、重くて、天上界へ昇れないのです。

皆様方、魂を磨くということはどういうことかというと、自分ひとりが良かったらいいという生活をしないこと。人を恨んだり、人を押しのけたり、「自分さえ良かったらいいんだ」「自分があるからこの世があるのだ」「自分の世の中だ」というような、間違った心をもつことが、一番に魂のにごりとなるのです。

「人のために尽くそう、人には感謝して、仲良く助け合っていこう」

この美しい心が魂を磨くのであります。

「あの人にこのような親切をしてあげた。この人にもこのように、喜んでいただけることをしてあげられた。ああ良かった。今日も一日本当に良い生活ができた」という心でいること。

夜休むときには、心から、

「ああ良かった。今日一日本当に良かった。ありがとうございました」

と、感謝のできる生活、これが天上界へ昇れる人の生活なのです。

夜、床に就くときに、反省もなく、感謝もなく、惨めな思いをしながら、
「ああ、あのような悪いことをしたなあ、これもこのような悪いことをしたなあ」
という気持ちを持ってはいけません。誰でも良心があるのだから、悪いことをしたら、悪かったと気づくのが本当ですが、その気づいたことも心のなかに押し込めてしまって、悪いことに専念するようになってしまいます。

善の心が大きければ、自然に悪の心が小さくなって、引っ込んでしまう。ところが、悪の心がだんだん大きくなると、善の心はだんだん小さくなってくる。だから、できる限り善の心を大きく育てていくのです。悪の心が小さくなって薄れるようにするのです。

善の心を育てて良き心を持ち、美しい気持ちを持ってこの世を極楽に送っていただく。ただ拝み合う生活。感謝し合う生活、喜び合う生活。手を握り合う生活。これが一番の極楽天上であります。

この世を極楽に送ってこそ、あの世で極楽に行ける。この世を地獄のような気持ちで、悪いことをしたり、暗い気持ちで日々を送ったり、恨んだり、妬《ねた》んだり、歎き悲しんだり、このような地獄の生活をしていると、天上へはなかなか行けない。

あの世へ行っても、この世で送った暗い生活を引っ張っていて、いつになっても暗い魂

となってしまって成仏ができないのです。

『成仏』、これは皆様の心を磨くことによって成ることであり、難しいことではありません。

人はみな、一遍は命を全うしてあの世へ行かねばならない。なんぼこの世に留まりたいと思っても、百の齢《よわい》を過ぎれば、どのような元気な方でも、この世からおさらばをしなければならない。いかに愛しい人、いかに親しい人があっても、その方々と別れて、一人で、黄泉路《よみじ》を旅して行かなければならない。

このようなときに、信仰しておれば、親類があの世で手を引いてくださる。あの世に、霊界に、親類をつくっておくのです。

信仰するということは、霊界に親類をつくることです。皆様方の魂がこの肉体を抜け出たときは、赤ちゃんがオギャーと生まれたときのようで、なにもわからず、目も見えない、赤ん坊の状態になっておる。

病気のままに苦しんでおる霊もあれば、また、自縛霊となって、自分の体を括《くく》ってしもうて、苦しんでいる霊もある。また、この世にあまりに執着心がありすぎて、もう死んでおるのだ、という分別心がないために、あの世へ行き遅れてしもうたという霊もある。

しかし、このような霊になっていても、信仰心があれば「こちらへ来なさいよ」というて、手を引いて霊界までの案内役をしてくれる方が来られるのです。

それは皆様方が、日夜信仰しておられて、神や仏といつも共通点をもっておるから、そうであれば、皆様方が有無耶無《うむやむ》の息を引き取ったときでも、皆様の手を取って「こちらへ来なさいよ」というて、引っ張っていってくれるところは、明るい霊界なのです。

弘法は、いつもなんとか皆様方が幸せな家庭をつくり、幸せな社会をつくり、幸せな国をつくって、なんの不満もなく、元気に人としての務めを終わって霊界へ行ってほしいと思う。霊界の生活こそ長いんですから。

この世には行《ぎょう》に来て、働きに来ておる。この働き・務めが終わったら、やれやれと、一服するような気持ちで霊界へ行っていただきたい。霊界へ行って、もういっぺん苦労のやり直しでは気の毒と思う。

弘法が生きている間、あらゆる苦行をしました。乞食の姿になって門付《かどづ》け（人家や商店の門口に立ち、音曲を奏し、踊りを踊って芸をすること）もしました。また、人情を見るためにあらゆる姿に身を落として、まあ四国には、いろんな行跡も、あるいはいろんな言い伝えも残っておりますが、この弘法が印したところを、皆様方が本当に心からわかっていただければ、「弘法と共に苦労してみよう」「行もしてみよう」、そして霊界へ行くときには、「弘法の弟子になってやろう」、このような意気込みをもっていただきたいと思います。いいや、弘法の弟子でなくとも、皆様方には、こうして手を引っ張ってくださる、高い神々がついてくださっております。天祖参神大神、高彦王大神、八百萬の神々、この方々が皆様方の後に前に、皆様方を引っ張っておってくれる。

もし皆様方が高いところから飛び降りようとしても、それを後ろから支えてくれる、引っ張って止めてくれる。また、止められないときは、下で受けてくれるだけの、深い深いお力があられる高彦王大神がおられる。神々のお力をいただいておる皆様方は、本当に幸せな方だと思います。

供養するということ

高野の山へお出でてくださっても、こうして本当に心から神を思い、神と一体になり、神の友、神の子であると自覚できる方は少ない。なぜかというと、神があると思って神社へお参りする。地蔵さんの前へ行けば手を合わす。しかし、この手を合わせながらも、「本当にここで拝んだら神さんがおるんじゃろうか。地蔵さんが私の言うことを聞いておってくれるんだろうか」

この疑いの心があるんです。

何故疑うのかというと、神の言葉が聞けないからです。神が皆様方のおっしゃることをゆっくり聞いて、「ああ、こうして欲しいという注文かなあ、それではこれからお前の言うことを聞いてやるぞ」という、その返事の言葉が聞こえない。返ってこない。それで、皆様方は「神や仏が本当にあるんであろうか」という、ある種の不安を持っておられる。

自分のお家にちゃんと神棚をつくってお祀《まつ》りをして、日夜手を叩いて拝んでなさる。そうしていても、「神さんはおるんじゃろうか。聞いてくれてるんじゃろうか」と、やはり不安を持っているんです。

しかし、皆様方はこうして十五日こちらへお出でれば、神の言葉を聞くことができ、神に「こうして欲しい」といえば、「これはこうせい」という返事が、即返ってくる。

その神の言葉を聞けるということだけでも、皆様方が「神があるんだ」「仏があるんだ」ということをはっきり認識できる。認識できれば、また信仰も自《おの》ずと深くなってきて、毎日親しくなっていくにつれて、信仰も深くなると思います。

これは人と人との交わりでも同じこと。一回出会っても、また二回出会う、三回出会う、五回出会う、十回出会ううちに心が解けあって、だんだんと深き交わりができてくる。その通り、神さんに、仏さんに、一回でも多く手を合わせ、また言葉を聞けた人は、それだけ神との誼《よしみ》が深くなる。仏との誼が深くなる。そして心が神に向き、仏に向かっていくにつれて、自分の心も神の心となり、仏の心となって、知らず知らずに、この魂が清まっていく。

そうして美しい真っ白の魂となれば、あの世へ行ったときには、苦労もなく、やすやすと霊界のいいところ、花の咲く美しいところへ行けるんです。

霊界というところにもたくさんの場所があり、ご主人が先に行って待っていたとして、「私もそこへ行こう」と思っても、なかなか行けないときがある。そんなときは、先に行っているご主人が行をして、連れて行ってもらえる。ご主人がいい人で、いいところへ行っておれば、いいところへ引っ張っていってもらえる。

けれども、先に行ったご主人が、もし幽界にいて苦労しておって、そのご主人の、幽界の苦労のところへ引っ張っていかれたら、皆様方、大変なことになってしまう。自分がなにも悪いことをしてないのに、ご主人が悪かったために、ご主人に引っ張っていかれて、自分もあの世で苦の世界に落ちることになる。

だから、できるだけご主人の供養をして、一番いいところへ行っておいてもらわなければならない。それには、やはり仏の供養をしてあげるのが大事なんです。

ご主人も、愛しい親御さんも、霊界で良い生活をしてくれるように、こちらで一生懸命お勤めをしてあげ、でき得る限り供養してあげること。そしていいところへ行ってもらって、霊界でいい生活をしてもらうことが、即、自分たちが幸せになることであり、また守ってもらえることになる。

霊界で苦の世界にいる霊は、霊障となって皆様方の足を引っ張る。足を引っ張られたらこの世でいかほどよい生活をしようとも、また人のために尽くそうと思っていても、それができない。ちょうど今日の雨のようで、雲に蔽《おお》われたお日様のようなもの。お日様の光を見たくても見えない。

今日はこのような雨の日ですが、そのような道理で、あの世で苦労の生活をしておられる霊があれば、それが邪魔となって、自分たちも日の目を見ない、苦労の世界をしなければならない。だからできる限り、自分たちの先祖、親御様、兄弟姉妹、あらゆる方々が良い生活をしてもらえるように、できるだけの供養をしてあげ、またこの世でもできるだけ良い性格をしておいて、因縁というものをつくらないようにすることが大事です。

因縁、因果、これがまた一つの苦となるんです。できるだけ良いことの方へ頭を向けて、因縁をつくらないようにする。また、因縁をつくってしもうて、自縛霊となって苦の世界にいる方があれば、なんとかしてそれを救ってあげて、良い生活をしてもらえるように供養なさってあげる。

それにはやはり皆様方が信仰なさって、その地から救い上げてくださるように、神・仏に頼むことです。ただ手を合わせて一生懸命に拝んでも、自分だけのお願いでは届かないことがある。

皆様方、人間世界も同じことですね。偉いさんのところへは自分自身のことは、直接には頼みに行けない。偉いさんのところへ頼もうと思えば、その人の伝手《つて》の、もうちょっと偉い人に頼んで、行ってもらわなければならないでしょう。

自分が面識もないのに、下の者がいくら頼みに行っても聞き入れてもらえない。そのようなときは、自分が行けないから代理の人に、「こうして頼んでください」と、頼みに行く。それと同じことで、皆様方が神や仏に頼んで、霊の世界を良く見極めてもらって、もし霊界で苦労しておられる仏があれば、見いだしてもらって、導いてもらって、苦の世界から引き上げてもらう。

そして一日でも早よう、良い霊界の生活をしていただく。これは生きている皆様方の一つの孝養となるわけです。そのようなことをしてもらえるということも、また一つの幸せに繋がることじゃと思います。

くよくよは禁物

弘法は山でじっとしているのじゃなくて、ある期間はあちこちと修業に回ります。またある期間は、山で修業もいたします。また、弘法を慕ってお参りくださる方のお力添えもやり、それから、今に至っても弘法の弟子だと自負し、一生懸命に行を取っておられる若い僧侶たちを見守ります。

もうこの弘法には肉体はないが、まだ今に生きておると思うて、ずっと食事の世話、衣類の世話、毎日こと細かく、いろいろして、侍《はべ》りくださる方々があるのですが、この心を思えば、じっと天上界へ行ったままで、もうやれやれというて寝ているわけにはいきません。

今に至っても弘法は生きたその日のままに、一生懸命汗をかいて、がんばっております。この弘法の心、また、皆様方に対しての思いやり、この思いやりをどうぞお受けくださるようにお願いいたします。

皆様方、幸せになってくだされ。生きているこの世の生活はいかほどに苦があろうとも、その苦を苦と思わないように。

「自分の心の試練である」

「砥石《といし》にかかって磨かれておるんだ」

このように思ってください。

もし病気をなさったときは、

「これは天が休養を与えてくださったんだ」

「ま、病気をしたから、ゆっくり横にならしてもらえるんだ」

と、こうとってください。病気と妥協する。病気と妥協すれば、イライラしなくなる。ゆっくり休養できれば、もとの健《すこ》やかなお体に早く戻れます。

イライラ、くよくよ、またかんかんと腹を立てる、そのような気持ちでどれほど療養なさっても、心と体が別々なので治りが遅い。心にゆとりを持って、肉体にゆっくり休養を与えて、そしていっときも早くもとの元気な体に立ち戻って、また元気に楽しく働く。これがこの世に生きている皆様方の務めなのです。病気をしたからというてくよくよなさらず、また、不幸がきたからというて、悲しまずにいること。

大きな台風が来ても、この台風がずっと永遠に荒れたということはない。時間が過ぎれば、あくる日は、さっぱりとした良いお天気になる。

これは皆様方わかっていることでしょうが、台風一過という言葉がある。台風が去った後は必ず秋晴れの良いお天気になる。それがわかっておって、なお、くよくよしたり、腹立てたりするのはいけない。

とはいえ、台風の後は、片づけの苦労もあります。また、せっかくつくった農作物を荒らされた、ということもありましょうが、それはそれとして「あくる日になったら忘れてがんばっていこう」という気持ちを養うてください。

くよくよしてもそれはなんにもならない。鼻歌まじりで後片づけして、綺麗になるのは早くこそなれ、遅れることはないはずですよ。

一つひとつ皆様方と共に苦労していきたいと思います。

昭和五十九年七月十五日

真心について

人に心あればこそ人間としての価値があります。犬猫にも心はあるけれども、これは悲しいかな、動物の習性だけの心であり、人間は、叡智《えいち》、人の情《じょう》、情《なさ》け、愛情、これだけではとっても言い表せないほどのものをふくんだ「心」というものが携《たずさ》えられております。その心を持って過ごしておることに、人間の価値がある。一日の働きの力があると思います。

皆様方はこの心を持って子供を育て、社会を渡り、あらゆることに過ごしておられるのでありまます。真心というのは、どのようなものに対しても打ち勝つ力であります。真心を込めての願いなれば、誰でも嫌といいません。お母さんは真心を込めてお子さんを育て上げる。そこには、「こうしてやれば、どのような恩を報いてくれるであろうか」というような、邪《よこしま》な心、恩を売る心もなく、ただ子供が愛しく、真心を込めての慈《いつく》しみのみを持って、育てていくのであります。子供は、その真心に応えるために、すくすくと生い立ちゆかれ、お母様、またお父様のご恩を一心に、一身に感じて、立派に成長なされる。

お母さんの心に、少しでも恩を売る心があれば、子供の心はたちまち動物のようになってしまうのです。

皆様方の真心を追求し、隣人も、また知人も、夫婦の愛も、親子の愛も、なにもかもがその真心からなる愛と、真心からなる思いやりによって育っていくのです。

上を見ると燦々《さんさん》と照るお日様があります。太陽の光にも、なにも人に恩を返してもらうというような、邪な心がない。いつも変わりなく燦々と降り注ぐこの太陽の光によって、皆様方が慈しまれ、木々が育ち、皆様方を生かしてくださる野菜や果物、あらゆるものが太陽の力により、また土の恵みにより、水の恵みによって大きく成長していくのです。

これと同じく、お父さんの愛は太陽、お母さんの愛は水、土となって、大いなる力になって、お子様方が育ってゆく。皆様方の愛情こそ立派なお子さんを育て上げる基礎となるのです。

弘法はいつも、「人の愛、人の真心、情というものをいつも心にいっぱい持ちなさい、そのためにこそ人間の価値があるのだ」と、よく申しております。そのための修業として、一日をあちこち守禦《しゅぎょ》してまわったこともあります。邪の心、邪険な心に育ってはいけません。

愛情、真心、慈しむ心、助け合う心、それによってすべてが育《はぐく》まれていくのであります。どうぞ皆様、清らかな愛情を持ち、真心を持ち、これからこの日本、いや世界を守っていく愛しい子供たちを育て上げてください。その子供たちが大きくなって、日本の国が世界と共々に栄えていくために、力を添えていただきたい。大きく羽ばたく日本の国、これは心からなる願いと、大きな希望であります。

いまは一つ間違えば、いつどこで戦が始まるかもわからない、そのような不安な時代でもあります。

そうであればこそ、平和、これが一番大事かと思います。一つの国の幸せでなく、大きな国々も小さな国々も、一つになって助け合って、手を携《たずさ》えていくところに平和があり、平和のあるところに幸せがあり、また栄えていく道があるのです。

平和について

一つの道を誤ってそこに戦が起これば、そこに残るものは灰となろう。滅亡しかないのです。今ほど平和というものを願わねばならないときはありません。日本もその通り、他の国と国交断絶するようなことがあったら、第一に困るのが食料。また、ガソリンの一滴も入ってこないようなことになれば、足を取られるも同じことになる。その日から皆様方の幸せが遠のいていきます。

願わしいのは、世界平和であります。そのことは身近に感じなければいけないことです。世界の平和に目を向けて、願いをかける。一生懸命の願い、

「世界が平和でありますよう」

「人類が幸せでありますよう」

この大きな願いを天に向かってかける。その願いが通ずるところ、そこに世界平和があり、ひいては皆様方の幸せと日々の安泰があります。

皆様方、心を大きく世界へ向けて、羽ばたく気持ちを持ってがんばってくだされ。あなた方のこの大きな愛情と、大きな願いと、大きな希求が世界の果てまで通ずる。そしてその心が天に通じ、神に通じ、仏に通じ、ここにはじめて大きな平和ができる。

皆様方が「一人だけ、自分だけ良かったらいい」というような小さい心を持っておっては、いつ平和が覆されるか分からないような世の中なんです。どうぞ心を大きく持って、

携えているこの手をしっかりと握り合って、各家庭は平和に仲良く、隣人は愛し合って、助け合う、また、大きに目を向ければ、社会が、国が、あらゆることに、大きな平和を目指してがんばっていかねばならない。

この大きな力を得なければならない日本になったんです。これこそ世界と共に相栄え、相携えていける国になったんです。小さい国で、小さな小競り合いがいつも起きているような、そのような惨めな哀れな国であってはなりません。

国は狭い、小さいけれども望みは大きい。貢献する力が大きくなれば、大きな国からも、それだけの価値を認められることになる。認められたその大きな価値をもっともっと伸ばして、日本の国をもっと強い国、もっと羽ばたく国に、皆様方一心の真心でつくっていただきたいと思います。

愛のある明るい家庭を

弘法が生まれた、今から千二百年ほど前のときには、世界の平和だとかいうことを言ったら、それこそ笑われるような時代でした。

国と国とが小競り合う、それも日本の国のなかで親子喧嘩したり、兄弟喧嘩したり、叔父叔母の間で戦争しているようなもので、戦争というても、ただ槍を持ったり、刀を持って切り合いをしたり、そのようなことで終わっておったのです。

　そのような小さな小さな国が、今こうして空に向かって羽ばたき、世界平和を唱え、世界のための貢献役となり、一つの働きによって、他の国のために、世界のためになるような国となったのですから、これは大変大きな力です。

　弘法がそれを思えば、この千二百有余年の間の飛躍、この日本国の飛躍は誠に嬉しい。いつも喜びにふるえ、この平和のために一生懸命にならざるを得ないのです。皆様方も、この皆様方の栄を伸ばすために、また自分たちの家庭を明るいものに、幸せなものにつくり変えていくためにも、日々をがんばっていただきたいと思います。

　心打ち開いて、一生懸命に尽くすところにこそ幸せがあり、健康にもまた恵まれてきます。いつもブツブツと不平を言ったり、自分のことばかり思っておったり、邪な願をかけたり、小さなことにのみ心奪われておれば、病気をしたり、あるいは不平不満が充満して家庭が暗くなる。暗い家庭からは立派なお子様が育てられない。いつも開け広げて、太陽の光が燦々と降り注ぐ、そのような明るい家庭にするのが大事です。

　それにはお母さんの力が絶大なのです。お母さんの力は大きい。お母さんは太陽であり、家庭でいえば光り輝く電灯です。電灯は、それをつけるといっぺんに家庭内が明るくなる。お母さんの笑顔が明るい家庭をつくり、子供の喜び、子供の希望に萌《も》え立つ家庭となる。いつも暗いじめじめしたところには、良い植物も、野菜もできないのと同じなんです。

皆様方の心に明るい灯火《ともしび》をつけて、心から子供を愛情をもって育てていくならば、今非行に走るお子さんがいても、ご両親が自分たちの責任だと思って反省し、自分の心を戒め自分を振り返ってみて、

「子供がなんでこのような子供になったのであろうか」

とよく見極める。

そうすれば、自分だけ好い日をするような、夜も遅くまで酒を飲んで遊んできて、子供ばかりに、「勉強せよ、なにしてるの」と、こういうように、言葉だけで責めてはいけないということがわかるはずです。

お父さんやお母さんの行いを見て子供が育っていくんですから、できるだけ行いを慎んで、自分の行いをもって子供を導いていく。親御さんの働く姿を見て子供が学び、お母さんの後ろ姿を見て子供が育つといいます。お母さん方の変わりなき愛情と、努力と、働きによって、良き子を育ててくだされ。そしてこの日本をもっともっと開いていただきたい。

世界の平和のために働いていただきたい。幸せな日々を送っていただきたい。これが弘法の今日の願いなのです。

昭和六十年七月十五日

心の持ちかた

信仰と申すものは、心を掲《かか》げ、心から信じてこそ、その効果があるというもの。「神も仏もあるものか」というような心を持って信仰なさっても、これは心が通じていないことになる。通じなければ、これはなんにもならない。

この燦々《さんさん》と降り注ぐ太陽、これはどこの国へ行っても同じこと。不公平なく輝いておりますが、下に黒雲があって、雨雲のあるときは、いかほどに日が照っておっても、その光があっても、暖かさが通じない。明るさが届かない。それと同じことで、皆様方がいかほど神の光をいただき、神の恵みをいただいておっても、魂が濁《にご》り、くもり、心が陰《かげ》りおれば、その魂がくもっておるほどに雨雲があるのと同じく、星の光すらもいただけないのです。

また、日が照っても、戸を閉めまわして暗き部屋におっては、それも、なにもならない。

暖かい日の光を受けようと思えば、やはり日の当たる場所、お日様に向かって心を向けるということが大事なこと。

そして、神の光、神の恵みを受けようと思えば、やはり神や仏に心を向けなさることが大事かと思われる。幸い皆様方は、こうして高い神々様に、いつもお話をいただき、慈しみをいただき、また、日夜お加持をいただいて、本当に心から神というものを認識されておられます。なればいつの日も手を合わせれば、神、仏としっかりと心が通い合うておられる状態。それが一番なによりの幸せかと存じ上げます。

心あってこそ、真心あってこその幸せ。弘法は昨年申し上げた。

「国あってこそ、社会あってこそ、家庭あってこそ、一人ひとりの幸せを保ってくれるのだ」と。

それに偽りはない。社会が乱れておっては、一つの家庭も幸せになっていくことがならない。国が乱れ戦争のようなことになれば、皆様方は安閑と暮らしていけなくなってしまう。

大きく目を開いていけば、本当に、今ほど幸せになるためにはいろいろと心を砕き、努力しなければならないということが、はっきりとわかります。

「自分だけ良ければいい、他はどうでもいい」
というような心を持っておっては、家庭も崩れ、また社会も国も崩れるような状態になる。

上から飛行機が落ちて来たら、皆様方がどのくらい幸せを願うておっても、「ドカンと来たらそれまで」というその言葉の通りに、本当にいっぺんに砕かれてしまうのですよ。

今こそ、国の平和、世界平和を願わずにはいられないときなんです。そのために日本も立ち上がって、今、一生懸命にその役目をいたしておる。というのは、あの長崎、広島に爆弾を投げられた。その爆弾のために数多《あまた》の方々が苦労なされた。被害に遭《お》うた。その身をもっての体験を各国に発表して、二度とこのようなことの繰り返しのないよう、主になって願い、主になって呼びかけるということを今なさっている。それが国の幸せ、ひいては皆様方国民の幸せだと思っておるからです。

皆様方の幸せを念じればこその、いろいろのことがある。その念じられることに反対したり、また自分だけ良かったらいいという考えのために、大変迷惑に思ったりする人もある。暴力団の、自分だけ良かったらいいという考え、その所業によって、流れ弾に遭うて亡くなった方もある。このように世の中が乱れ、また迷惑を受ける方々の多いときなのでございます。
このようなことのないよう、自分たちこそしっかりした信念と、しっかりした心を持って過ごさねばならないと思います。

家庭の幸福

各家庭の幸せもその通り、一人ひとりが、自分以外どうでもいいという心になったらどうなるか。ご主人がそんな心になれば奥様や子供がそっぽを向き、もし奥様がそんな心になれば、ご主人も子供さんも横を向くということになる。ご主人も奥様も、また子供も一致して家を守っていく心がなかったら、どん底の生活になってしまう。

今よく聞きますように、ご主人が借銭残して家出なさる。また奥さんがいい人を見つけて、「この家庭よりももっといいところへ行きたい」というような気持ちから家出なさる。そして今までの家庭が破壊されて、泣くのは、その後の子供さんや連れ合いの方なのです。そのようなことがあってはならない。

やはり神に誓い、仏に誓うて結婚なさった二人は、いついつまでも心を合わせて、助け合って家庭を守って、また子供様を慈しみ、育ててゆかなければならぬという義務がある。

その義務を忘れてしまったときに、家庭の悲劇が起ってくる。このような家庭の悲劇を起こさぬためにも、奥様も、ご主人も、妻あればこそ、主人があればこそという、その「こそ」という言葉を、いつも念頭に置いて生きていかなければならない。それを忘れたところに、一家の不幸がある。

ご主人が朝出掛けるときに、ちゃんと支度をして見送ること、帰ってきたときは「お帰り」と明るく迎えてあげること。これは奥様にとっては一番大事な日々の務めかと思います。その主婦の務め、自分の愛情心を死なせて、「勝手に行ってきたらいいわ」というような気持ち、また帰ってきたら「なんだ、帰ってきたんか」というような、冷たい気持ちでいてはいけない。

いつも傍らにあるとありがたさがわからないのは、あることが当然のような、空気のようなものになってしまっているからで、空気というものはふんだんにあるから、皆様方はこれをありがたいとも思わない。けれども、無くなったら本当に空気というもののありがたさがわかる。

それと同じことで、「主人があればこそ」「家内があればこそ」「子供があればこそ」、この『こそ』ということを念頭に置いて、一生懸命に、家庭を壊さぬように務め、心を砕いていただきたいと思います。

　家庭があって社会があり、社会があって国があり、国があって社会があり、社会があって家庭がある、と、このようにすべて繋《つな》がっている。一人ひとりのお務めがいかに大事かということです。これを念頭に置いていただきたい。

「自分一人くらい…」と、こう思って為《な》すことは、それが即社会にも響いていくのです。自分が社会の一員として責任を果たしていく、それが皆様方の人としてのお役目なんです。動物ならばそのような責任も観念もない。ただ自分の思うままに行動しておったらいい。責任を放棄するのは、人間として生まれた者には許されないことです。

　国の法律、秩序、このようなことを一個一個守っていく。自分たちの義務も果たしていく。皆様方、このような心を持ち、神に心を向け、仏に手を合わすことです。

　お心経も、別のところであげているのを聞くと、ばらばらにあがっている。これは合わせていこうという気持ちがなくて、自分だけがあげておるからいいと思い、後の方と合わせていこうとしないので、ばらばらなわけです。

　ところが皆様方は、一人ひとり皆と一緒にあげよう、合わせていこう、合わそうという気持ちがあるから、本当に聞いておっても気持ちがいい。一日聞いておっても気疲れはせん。また、あげる方も疲れが出ない。ばらばらにあげてごらん、もう十分もあげると疲れてしまう。皆様方のお心経を聞くことによって、本当に皆様方が大神様方に育まれて、心を一つにご信仰なされておるんだなあということがよくわかります。

弘法が、いつもここに参って一番感心するのは、皆様方の真心が、本当に天に通じ、神に通じ、仏に通じ、また、こうしてあげる心経が口だけでなく、心と重なっておるということ。心を合わすということは、本当に美しいことであり、大きな力を得ることなんです。

家族も、皆が力を合わせてこそ、幸せな家庭ができ上がる。天の鎹《かすがい》ができる。まちまち（バラバラ）の心で、いかほどにお金を儲けても、ご主人はご主人でお金を使い、奥様は、ご主人が使うのだから自分も使おうというんで、競争心を持ってお金を使ってしまう。子供さんは飛び出して行って勝手に欲しいものを買う。

そのようにまちまちの心では、どれだけお金が儲かっても、それは残らない。まあたとえば、大きな桶を用意して、それに一杯の水を溜めようと思ったとするよ。

笊籬《いかき》（ざる）で水を汲《く》んだら、笊籬というものは水がジャーッと漏れて、水を雀の涙ほども汲めないけれども、桶がしっかりしておれば、水がいつかは少しずつでも溜まります。

ところが、桶で水を一生懸命に汲んでも、その受けるものが笊籬のような底のないものであったら、なんぼ汲んでも溜まらないのと同じ。なんぼ儲けても、ご主人が一生懸命に働いても、笊籬のような奥さんであったら底にお水が溜まらない。昔よく言うたものです。言葉の通りで、奥様がご主人の儲けたお金を、ありがとうと受ける気持ち、感謝する気持ち、ご主人もまたそれを渡して、互いに、

「よろしく頼みます、子供をこれで教育してくださいよ」

と、その渡す気持ちと受ける気持ちが大切なのです。しっかりとした愛情と日々の幸せを守ろうという気持ちがあれば、家庭が壊れるようなことはないと思います。家庭が壊れるのは、なにか、そこに足らないものがあるということです。感謝する気持ちがないか、あるいは、それを受ける気持ちが疎《おろそ》かになったか、なにかそこに欠如したものがあるのです。ぴったりした気持ちをもっておれば壊れるようなことはない。

心を合わす、助け合うということは、家庭を守り家庭を幸せにする、一番の方法なんです。

今、よく子供さんが不良になったり、登校拒否になったり、学校に行きたくないと言ったりするようです。夜になると外をうろつき、暴走族に入るなどして、家庭を壊していく子供さんも多い。

しかし、なんでそうなったか、なんでうちの子がこのようになったのか、ということ、この根本をよく考えないで、子供のすることを見て怒ってばかりおっても、これは駄目なんです。子供を叱る前に親がやはり反省して、自分たちが間違ったことを子供に教えていなかったか、また自分たちの所業に誤りがなかったかと、このように反省していく。そして子供に謙虚な気持ちで、謝るような気持ちで注意していくならば、きっとどのような子供さんでもその真心に触れれば、自分の悪いところに感づいて、お母さんお父さんの懐に帰ってくるのです。

子供が外へ飛び出していって帰ってこないということは、帰ってくるはずの家庭に、なにか近寄れない冷たさ、あるいは間違い、そんなことがあるのではないかということなのです。

よく親御さんが反省して、子供さんに、本当に真心から謝るような気持ちをもてば、きっと子供さんも悪かったなあという反省をして、帰ってくるでしょう。

子供が正しく素直に育ってくれることが、両親にとっては一番の幸せなんです。いかほどに財産があっても、それを受け継ぐ子供が、湯水のようにそのお金を使うたび、不良の仲間に入ったりするたびに、両親はどれほど嘆き悲しむことでありましょうか。

思えば、やはり家庭というものはしっかと維持し、受け継いでいくということ、これが大事かと思うのです。皆様方は先ほど申したように、この高い位の神々様に抱《いだ》かれて、本当の赤ちゃんのような素直な気持ちで育まれているから、このような不幸な家庭もなく、また心配もなく、明るい美しい家庭を築いておられると思います。どうぞ今の幸せをもっともっと積み重ねて、もっともっと元気に過ごしてください。

それが神も仏も願うことでありますから、どうぞ気持ちをいつもそのように、念頭に置いて過ごしてくだされ。

神様のおっしゃることは万に一つも間違いがない。親御さんもその通りで、

「親の意見と茄子《なすび》の花は千に一つの徒《あだ》がない」

という歌があった通りなのです。神や仏、また親御さんの申すことには、徒やおろそかなことがない。神や仏の言葉を、こと新しく噛み締めていただく。

「わかってるわい」というような、なげやりな気持ちじゃなく、一つひとつ噛み締めていただいて、悪いところは直していただければ、言葉を守っていただければ、そこに本当の花咲く家庭ができるんじゃないかと思います。

魂の磨きかた

どうぞこの、「信仰なされておられればこそ」という、『こそ』をつけていただきたい。「やっぱりあの人は違った、どっか違ったところがあると思ったら、やはり信仰なさっておるんだなあ、ようできた方だと思ったなあ。神や仏のような方だなあ」と、まわりの人から、このように思っていただける人になってほしい。「信仰していても、あんなようなことであったらなんにもならんわ」と、こう言われるようだったら、皆様方が一生懸命に信仰していたとしても、本当に辛いことだと思います。

徳を積んで、その徳というのが、皆様方の幸せを生んでいくのですから、人徳を積んでいただきたい。

では、どのようなことをしたら徳が積めるかというと、人のために働くことが一番なのです。人にいろいろしてさしあげると、徳を返したということになる。だから、たとえ人に救ってもらっても、早速またお人のために尽くしてあげて、徳を積んでいただきたい。

徳を積んで生きると、魂が清まっていく。魂というのはみなそなた方の、一人ひとりのなかに入っておる。これは頭脳、頭の脳じゃなく、心なんです。魂というのは心です。そなた方がなんぼ生きたいと思っても、その魂がスーッとこの肉体から抜け出ると、この世からおさらばしなけりゃならない。

で、魂はどこへいくかというと、あの世です。あの世のなかには、皆様子供のときからいわれたとおり、地獄というところもある。また、本当に幸せな、極楽というところもある。

まあ大神様はよく、「地獄というのは自分の心の内にあるんじゃ」とおっしゃってたけれども、それは、地獄に行くような心を自分でつくるから、という意味になるんじゃないかと思います。

「地獄極楽どこにある、己が心の内にある」という。

地獄をつくるのも、極楽へ行くのも、みんな自分の心にある。魂を清めて、本当に美しい魂になったら地獄には行かない。極楽へスムーズにスッと入って行ける。

この世で極楽に行ける心になるように、皆様方、今から本当の幸せを掴《つか》んでいただきたい。この世で地獄のような生活をしておくと、あの世へ行っても、やはり地獄へ行かなければならなくなる。この世で極楽の生活をするということは、笑うて、明るく助け合うて、人のために働いてあげて、喜んでもらえる人間になることです。

お嫁さんはお義母《かあ》さんのため、お義母さんはお嫁さんのために、いつも真心から愛し、愛される人になっていただきたい。お嫁さんはお義母さんに対して、「こんなお義母さん、どうでもいいわ」という気持ちをもっていると、自分があの世へ行ったとき、修業しただけの苦労だけでは足らなくなってしまうのです。

地獄まで行かないうちに、自分の子供に、子供のお嫁さんに、愛情を返していかなければならない。

「因果はめぐる、絵灯篭《えとうろう》」という言葉があって、自分がお義母さんを邪険にすれば、自分がお義母さんの立場になったときに、自分の息子のお嫁さんに邪険にされる。これは因果応報、因縁ということだから、いつの場合も、自分はそのお人のためになって、どんな場合も自分がその人の立場に返るということを忘れないでほしいのです。

病人を見れば自分も病気したことを思って、その人のために尽くしてあげる。少しでも楽にしてあげようという気持ちになって、看取ってあげる。そうすれば自分が病気になったときにも、優しくしてもらえます。人に優しくしてあげずに、自分だけ病気したときに優しくしてほしい、といっても、これは無理なんです。

いつの場合にも自分がしてあげてこそ、していただくことができる。自分が頭を下げれば、相手も下げてくれる。ちょうど鏡を見て自分の顔を映しているようなことで、「めっ」とすれば鏡の中の自分の顔が、「めっ」とする。ニコッと笑ったら、ニコッと笑う。それが人と人の心なんです。心に疚《やま》しいことなく、優しさを湛《たた》えていれば、誰に対してもその優しさが映る。向こうの人も優しく返してくれる。

「お〜い」といえば「お〜い」と返ってくる山彦と同じです。「バッッ」といったら「バッッ」と返ってくる。相手の心は自分の心の裏返しである。

「仰向《あおむ》けの唾」とよく言うが、寝ていて唾を吐くと、その上へ飛んだ唾がみな顔へかかってくる。人に邪険にすれば邪険に返ってくるということです。

「人のふり見て、我がふり直せ」というその通り、人の姿を見、所業を見、したことによって、自分の心にもし傷を持つとするなら、自分はそのようなことをしないように気をつけて、徳を積んでいくこと。これが一番の家庭の幸せ、自分の幸せ、また引いては社会の幸せに繋がることになります。

昭和六十一年七月十五日

奇蹟について

日の経つのは早いもので、昨年の七月十五日、こちらにおきまして皆様方とお会いさせていただき、お話しさせていただいた。昨日のように思っても、もはや一年という日が過ぎております。オギャーと生まれたお子様でも、もうよちよちと歩かれるようなことになっておられます。日の経つのは本当に早いものです。皆様方、この一日一日が本当に大事なものなんです。昨日は今日に帰ってこない。今日はまた明日になったら帰ってこない。一時間でも元へは戻らない。

しかし、その昨日が帰ってこなければこそ、皆様方一心になにごとにおいても励み、親は子を慈しみ、また、その子が大きく成長して親となり、その親がまた子供を生んで親となる。そのような日々の営みが、いつの日も変わりなく続いておるのであります。

その営みの内に悲しみ、辛さ、幸せ、喜び、いろんなことがありますが、悲しみにおいても、その悲しみに堪えうるだけの力を養って、その悲しみから、立ち直る元気さを失わずにやり抜く。それが幸せの明日に繋がるのです。その悲しみに打ち負けてしまっては、明日が無いことになる。悲しみに負けず、一生懸命に励んでいく。その悲しみを踏み台にしてもう一回り大きく育っていくということは、家庭も大きくなり、皆様方の魂も人物も大きく育っていくことになる。

今日あっても明日なき命。また、昨日は人の身、今日は我が身といいます。未来は、いついかなることになるかもわからない。その、いつかくる不幸、いつかくる喜び、そのようなことに、一つひとつ心を砕いていては、自分たちが元気にやろう、という気持ちになれない。

未来のことはもう天の恵みと思い、天の神に任せておいて、自分たちは今日一日をより以上に良き生活、良き日を送っていこうとする。それが一番幸せかと思います。

どのようなことにも、くよくよしないで、その悲しみも、辛さも、どんな事柄にも全身でぶつかっていく元気と努力。それから人の難儀も自分の難儀と思って助けてあげようという気持ち。どのようなことも、手を結び合って、それに打ち勝っていこうという、このような心の晴れやかさは、自分の幸せに即導いてくださる。

天の神、地の神、またよろず大神方、ご霊様方、皆様方のご先祖の方々と手を携《たずさ》えて、しっかりと、自分と神と仏が同一人になっていて、一体となったところに、ここに初めて奇蹟というものが現れ、この奇蹟によって救われていく。

ときには、「もう命がなくても仕方がなかった、ああ救われたんだなあ」とわかるような、本当に危ない目に遭って、「ああここで神が救ってくれた、先祖の霊が救ってくれたんだなあ」とわかることがある。

このようにわかる方は、本当に神と仏と自分と一体になれている。一体になれたところに神の救い、仏の救いがある。奇蹟もあらわれる。日々は本当に紙一重に、幸、不幸があらわれることが多い。この紙一重の救いによって、危ない事故から助かることもあり、天の声、霊の声が聞こえてきたりすることもある。また、聞こえなくても、ふっと心に浮かんだことがあって、それによって助かっていくということがある。これは皆様方を一心に守護されておられる神々の力、ご霊様の力をお借りしているのです。

いつも朝出掛けに、神の前、仏の前にお座りになって、今日一日の加護を願い、どこどこに行ってくるからと、その間の守護を願い上げよう。

そして、事故なく帰ってこられるよう、その用事について、成功を祈っていただく。そ

うすればあなたの守護神、守護してくださるご霊様がそれを聞いて、

「ああよくわかった、それでは付いていってあげよう。よきように導いてあげよう」

ということになる。

そうすれば、そなた方がたとえ一人であっても、付き添う者がたくさんになる。後ろに、神も仏も付いてくれている。だから危ないときは、「ああ！　危ない」と、手を伸べ、救ってくれる。難しいことがらであれば、なんとかそれを成就するべく、一生懸命力を添えてくださる。天地の仕組み、恵みというのはそうなっているのです。

神仏と心を通わせる

燦々《さんさん》と降り注ぐこの日の光。太陽の光。

また今日も雨、明日も雨というと、皆様不愉快になるけれども、この雨があればこそ、恵みによってものが育っていく。ものが育つから皆様方は、それを食して生きていられる。かんかんの日照りばかりなれば、その植えた田も、いろいろな植物も育たない。この雨も、また光も、太陽の熱も、あらゆるものが皆様方を守ってくださる。このような恵みを皆、知らず知らずいただいている。

それで皆様方は食事をなさるとき、この天地の恵み、またこれをつくってくださった方々に対してお礼を申し上げる。この気持ちをもってお食事をなさるということ、これも一番に結構です。

朝起きたらお顔を洗って、次にはどうするかというと、神前に額《ぬか》づく。また仏前に額づき、そして今までお守りいただいたことを深く感謝申し上げる。

先に感謝の言葉を述べる。その後へ、今後をよろしゅうお願いします、という願いごとを申し上げる。先に願いごとをしてから感謝するのではなく、先に感謝の言葉、お礼の言葉を申し上げ、それから今日一日のことを願う。

夜になったら、「今日一日大変お世話になりました」、そして「元気に今日を過ごさせていただきました。またここへ行って無事にこのような用事ができました。無事に帰らせていただきました」ということを報告なさって、お休みなさいという言葉と同時にその扉を閉めさせていただく。朝はやはり、おはようございますといって扉を開ける。これは皆様方が仏に対しての礼になる。

これは人も同じことなんです。そして、お茶を供えてあげる。供えるにしても、ただポイッと置くような気持ちでは、これは受け取り方が違うんですよ。

真心から、「お召し上がりください」と気持ちをあらわしてお供えする。ご飯を供えるときもその通り。また、珍しいものが手に入ったときにもお供えなさる。こうして仕える心、感謝する心、これが神や仏に通じて、「いつも守ってやらんとならんな」というように、神や仏の気持ちが自分に向いてくださる。こちらの方へ向いてくれる。そのように向けさせるのは、皆様方の真心なんです。

「私は信仰してんのに、なんでこんな不幸ばかりくるんじゃろうか」と、そういう日もあり、不足もある。また、いろんなことにおいて、不満もあろうと思いますが、それは、「ただ自分の心のあらわし方、祈り方が足らんのだ」と、こう思って、不足に思わないで欲しい。

「自分の真心が天に通じないのだなあ、先祖にも通じてもらえないんだなあ、わかってもらえない、もうちょっとしっかりお願いをせないかん」と、このような気持ちでおって、一から出直す気持ちでお願いをかける、お礼を申し上げる。このようにして自分の心を神に向け、仏に向ける。しかし向けただけではいけないのです。

というのは、神も仏も皆、真っ直ぐな気持ちを持っておられる。その真っ直ぐな気持ちに自分の心を合わせないと、そこに隙間があってはぴったりいかない。ご自分の心を、いつも真っ直ぐ、美しい真っ白な気持ちにして、そして神の前に座ってお願いする。

波長を合わせるということが大事なんです。皆様方が、この高い位の神々様、またそれにまつわる他の神々様、ご霊様方への、心を移すという方法を、天の大神様から教わっておられる。それを身に受けておられる。だから、いつも教わったことを守ってさえいれば、この高い神々様の真心と、光と、愛情を受けていかれる。大変皆様は幸せな方々だと思います。

弘法が過ぎし日のこと、初めてお下りさせていただいたときに、一度お話しさせていただいたが、あのころは、このような文明開化の世の中ではなかった。ここから遠くへ行くんでも、一つひとつ足を使って、今のように車に乗ったり、バスに乗ったり、あるいは汽車に乗ったりというような、そんなことはなかなかできなかった。そこまで行こうと思えば、野宿をして、足が痛い、わらじの紐が切れ、わらじの尻がもう段々になくなってきて、もう足がそのまま土へつくような状態で、こちこち歩いて行ったものです。

今では、四国巡拝するのも、バスを利用したり、あるいはタクシーを利用したり、足を使うというのは、ほとんどのところはなくなって、ある一部のところ、また、お寺の前から仏の前までの間だけ、足を使うだけで済むんです。

生きていた当時、弘法は、皆様方にお参りの模範を示そうと巡礼に参った。そうして、一つ足を使って参りました。弘法は破れ衣に身を包んで、本当に、皆様方のこのお姿とは全然違う、破れた衣を身に纏《まと》って、わらじを履いて、信玄袋のようなものを掛けて、托鉢のくり茶碗のようなものを下げて、鈴を持っただけで回りました。そのような姿で、あちこちと回ったのでした。世の中を救うため、また、人の難儀、また人の心というものをよくわからせていただく、その気持ちで参ったのです。

弘法がこうして四国巡礼を終えて、それからあと、あちらこちらの行に参りましたが、そのときの事柄というのは、いつもことあるごとにお話しさせていただいた、あの通りなんです。

ここ何千年来、五百年来、またここ百年経ち、このように日を重ね重ねていく。昔を辿れば本当に日本というものも貧しく、自分たちが食べていくがために、自分たち同士、子供同士でも戦争をして、国を取り合いしたり、あるいは切り合いしたり、そのような難儀な、不幸な世の中であったんです。今のような幸せはなかったんです。

戦争に負けても、この負けたという悲劇は長くはなく、自分の力、皆さんの力で立派に再建できた。今の日本は、土地そのものは小さいけれども、国からいえば、数多《あまた》のたくさんの国があっても、屈指の大国へと育っております。せっかく育ったこの自分たちの国を、もっともっと良き国とし、もっともっと幸せを掴んでいただきたい。それは皆様方のこれからの心意気にかかっております。

国を司っていく主だった方々、それを選ばれる皆様方、皆全員がその気になってやらなければ、国同士のおつきあいがうまくいかなければ、本当に幸せがいつ潰れるかわからない。

幸せすぎて、この幸福を守っていこうという心、努力を忘れてしまってはいけないと思うんです。弘法はそれを今、しみじみと感じ、なんとかこの幸せが長く続いてほしいと、文明開化のこの世界、人類が平和であり、なんの憂いもないおつきあいをしてほしいと思うんです。

国同士のおつきあい、これは一番に大切なことです。

お母さんの愛情

皆様方のご家庭もやはり、今は幸福すぎて、あまり幸福すぎるので、努力をすることを忘れていくような時代、ありがたいということも忘れていく。親のありがたさ、主人のありがたさ、妻のありがたさ、隣人のありがたさ。このありがたいという心が薄れていく。これは今、物資に恵まれ、不自由しないからでしょう。なにも不自由しないからありがたさを忘れてしまう。

そのときにもう一度、引き下がった気持ちになって、あのなにもなかった、食べものも不自由した、その当時のことを思い出して、もうちょっと慎み深い気持ちになれば、ありがたいなということが、しみじみとわかってくるのじゃないかと思います。

親のありがたさもわかる、子を育てるにおいても、子供に対しての気持ちもなおざりではなく、すべて怠りなく務めていけるのじゃないか、と思うんです。

親がお勤めに行くこと、これは結構だけど、「お金さえ与えておけば、子供は一人でどこでも遊ぶじゃろう」というので、気任せにそこらへほったらかして、カギっ子というが、その通り。子供がどこでどのようなことをしているか、お母さんが子供の一日の所業を把握していない。

そうすると子供は、お父さんやお母さんが働きに行って留守の間、そこらへ遊びに行って悪友に出会うと、ついその者のすることを習ってしまって、悪の道へ、不良の道へ入っていく。

そのときに、早く気づいて引き戻すお母さんの愛情と、熱心さ。それがあったら、早く自分の家庭へ連れて帰れることになる。お母さんの愛情が子供へ移って、子供が早くあやまちに気づいて、悪かったなあという気持ちをもっていただける。

普通はそうだけれども、実は皆様方はそうじゃない。

お母さんが朝起きて神前に座って、神へお礼申し上げる。子供のこれからのことをよくお願いする。仏の前に座って日々の安泰、またお守りいただくことを感謝し、子供のこれから先のことをお願いしている。この後ろ姿を見て、子供が育つんだから、

「ああ、お母さんがこうして私たちのために一生懸命にお願いをかけてくださっているんだなあ」

ということが自然にわかる。

また、働きに行っても、子供への愛情さえ忘れないなら、

「自分たちのために働いてくれているんだなあ、自分らがこうして学校へ行けるのも、お父さんやお母さんが、一生懸命に働いてくれるお陰だなあ」

と、この安心と感謝が子供の心に残れば、いかほどに誘われても、悪の道、不良の道には入らない。

お母さんの愛情、それが、つっかえ棒になる。お父さんの心もありがたいけれども、お母さんの愛情、細々とした心遣いが、子供を育てるには一番大事じゃないかと思うんです。お父さんが太陽であれば、お母さんは土なんです。土と太陽がマッチすれば、力をあわせれば、その中間に育っていく子供さんは、すくすく成長していかれる。その間、植物ならば、虫がついたり、あるいは除草したり、いろんなことをして育てていかねばならんように、お母さんは子供に虫がつかんように、横道に逸《そ》れんように、世話役・杖の役目をする。

子供を育てるのも、植物を育てるのも、同じ修業じゃと思うんです。根気よく育てていくことです。今日はこうしたからもうそれでいいわ、というようでは、つっかえ棒を忘れられた植物と同じで、横へ倒れてしまうのです。

心の大切さ

皆様方は、こうして高い位の神々に守られ、また、その神に導かれて、皆様方の各家庭のご霊様方、ご先祖様方も良いご生活をなさっておられる。皆様方一人ひとりのご信仰によって、本当に幸せな生活を霊界において送られるご先祖、そのご先祖のお守りようによって、皆様方が幸せになっています。

ご先祖の方々で、不幸なところ、暗い霊界において生活しておられる方があれば、それをなんとかわかってもらいたい、なんとか救っていただきたいというので、霊障となって現れる。そして、この霊障のあるところに不幸が現れる。

霊障というのは、皆様方には目にわからないから、その霊障によって不幸を招いている方がたくさんある。だから、この霊障を取っていただくためには、高い神々や仏にいつもお願いを掛けて、先祖の方々に、迷っている先祖がないであろうか、また、暗いところで生活しておられる御霊さんはないであろうかと、お調べいただいて、自分も救っていただくように供養なさる。

その供養が霊界のご先祖様へ通じれば、ご先祖様の苦労もなくなる。苦労がなくなれば、皆様方の守護神となられ、先祖がかえって皆様方を守ってくださるようになる。

ご先祖様がもし苦労なさっておられても、皆様方の追善供養によってこの罪が償われ、いいところへ行かせてもらえる。皆様方の、生きておられる皆様方の真心というものは、大変大事なものであるのです。

どうぞ、ご先祖様が嘆き悲しむようなことをなさらないで、因縁をつくらないように、また先祖の因縁を救っていただくように、御念をかけ、信仰してください。これがいつも、自分たちの本当の幸せにつながることになるんです。

信仰というものをいつの日も忘れずに、おのおの自分の幸福につながるものですから、そのような気持ちを持って、がんばっていただきたいと思います。また不幸になったときでも、不幸を嘆く前に、それを乗り越える力と努力をもっていただき、それに力を添えていただけるようにご信仰なされる、これが大事だと思います。

こうして、弘法が皆様方の前で、このような不束《ふつつか》なことを申し上げて、その一言が皆様方の幸福へつながっていけば、なにより嬉しいことだと思います。

また来年の七月十五日には、こちらへ寄らせていただきまして、皆様と共に、半日の時間を過ごさせていただきたいと思います。それまでどうぞ幸せに、健康で長生きなさるように。そして、一人でも不幸になる方を救ってあげてくだされ。皆様方の愛情と笑顔が、人を助けることになります。どうぞお人を助けてあげてくだされ。

助ければ自分の徳として現れ、この世で徳を積んでおけば、あの世へ行けば本当に幸せに、明るい霊界においての暮らしができる。

この世で、暗い暗い気持ちを持って過ごしていると、やはり向こうへ行っても、その心があらたまるまで、暗いところで生活をしなければならない。因果応報ということがある。この世で皆様方が、このようにいい生活をなさっていれば、そうすればあの世でも、いい生活ができる。すべて一つのような気持ちでがんばってください。

今日は、このようなお話だけにて失礼つかまつらん。今日のお話は、ただ気持ち、心というものについてお話しさせていただきました。大事なのは、心です。やはり心が一番に大切なことと思います。

昭和六十二年七月十五日

手を合わす

さて皆様方、どうしてご信仰なさるのか、神仏に手を合わせるのか、ということから話を始めさせていただこう。

「手を合わす」ということ、これは人と人との心を合わすこと、和をもって日々を過ごすことであります。

「手を合わす」ということは、つまりどういうことかというと、神にも、仏にも、また皆様方の先祖の方々、愛しき仏様に対しても、水子に対しても、あるいは親御様、夫婦、兄弟、子供、また隣人、知らぬ方々に対しても、手を合わせば、いかなることにても通じるということであります。

手を放していてもなにも通じない。ただ手を合わせれば、その姿から、本当に心が通じ合って、あの高きところに輝いておる太陽や、星、月に至るまで、皆様方に対しての、愛と力と光が燦々《さんさん》と降り濯《そそ》いでくるのです。

親に対しても、兄弟に対しても、夫婦のお互いに対しても、あらゆる者に対して、本当の喜び、感謝が、手を合わすことによって、深く結びあっていくのです。

ところが相反し、携えた手を放してしまうとどうなるか。合わせた手がはずれてしまっては、これは本当の意味で通じないことになるのです。皆様方、しっかりと結んだ手はじっとそのままに、一生幸せに送っていただきたいと思います。

相手がいかほどその手を放したがっていても、離された手が、じっと裏向いた手でいるのでなければ、いつかはまた、相手のほうから手を合わせたがってきます。だから、もしそのような不自由な片方を持つ相手であるなら、どうぞもう片方の手、あなた方の手は、いつも相手をしっかりと掴まえていてやってほしい。

この世のなかは、睦《むつ》み合って暮らしてこそ幸せになります。隣の人も同じこと。朝起きて顔を合わせて、にっこり笑って、「おはよう」と挨拶する。それがあってこそ日々が、幸せな感じがする。顔を合わせても、こちらの方が合わす気持ちになっているのに、向かいの方がプンと横を向いてしまわれては、それこそいやな気持ちがする。なにがなくても、皆様方の愛情と笑顔が、この世の中を明るく幸せにするのです。

いつも弘法がその話をするので、耳にタコができたとおっしゃるかもしれませんが、幸せな日々を送ろうと思えば、一番に大事なことは、その手を合わす心、感謝する心、拝み合う心なのです。

そして日々を幸せに、喜びの生活をしてこそ、あの世へ行っても本当の極楽の生活ができます。

この世でいがみ合って、腹を立てて、地獄のような生活をして、あの世へ行ってからやれやれ極楽へ行こうと思っても、これは無理なことです。この世の中で本当に心洗って、魂を清めていかなければなりません。清まった魂というのは、怒りとか、妬みとか、腹立ちとか、あらゆる悪いものが、消し去れるのです。

この世におれば、自分の地位や財産、あるいはその人のいろんなものが、または権力が、その人についてまわります。しかしあの世へ行ったら、そんなものはなにもいらなくなるのです。

大事なことは、その人がいかほどこの世の中で人のために尽くしたか、心が清まっているか、魂が磨かれて美しいか——そのようなことだけになるのです。

魂が清まっていれば、その人は軽いんです。魂の濁った、黒い垢のついた魂は黒い。それだけ重い。重いのは下へさがるのが道理じゃから…。なんでも重たいものは下へ落ち、軽いものは上へあがる。これは、この世の定めのようなものです。

だから、軽い魂の人は、高い高いところへ昇って、明るいところ、神の世界へ行ける。暗い心、重たい魂は下へ沈んで、地獄というところへ落ちてしまう。

皆様方は、なるべく明るいところで、良いところで生活したい、あの世へ行ったら本当に極楽へ行きたいと思うでしょう。そのような気持ちがあれば、今から魂の清まった、明るい、清らかな気持ちになってください。そして、この世を本当に明るい生活、明るい心をもって過ごしていただいて、身を守っていただきたい。

魂を清める行

しかしこの世は、苦の世界と申します。明るい生活をしたくても、また自分がそのような気持ちになっていても、それはできない。対する人があって、その人に腹が立つ、またそれがために、自分もみじめな気持ちになって、笑って暮らせといっても、なかなかに笑えない。

「そんな無理なことを言っても、こればかりはできないことじゃ」と、こう思われるかもしれません。

しかし、できるだけその人を哀れむ気持ちになっていただきたい。「これだけの人なんじゃなあ、可哀想な人じゃなあ、この人はなにもわかっていないんだなあ。この人はあの世へ行ったら地獄へ落ちる、可哀想な人じゃなあ」と、こう取ってあげるんです。

そうしたら、「この人を救ってあげないかん、このような気持ちを持っておったら、亡くなったら良いとこへ行けないから、もうちょっと人間のできた、魂の清まった、美しい心にしてあげなければいかんなあ」という、同情心が出てくる。その出てくる同情心というのは、その相手でなく自分を、また一つ磨くことになるんです。

人から悪く言われたり、誹《そし》られたり、また自分を損じるようなことをされても、それをかえって哀れと思って、それを助けてあげよう、もっとわかるようにしてあげようという心を持ってこそ、自分は魂が磨かれて、高いところへ一段昇るんです。

神様のところへ参ろうと思ったら、高い石段を登らないといかん。紀三井寺のお寺へ参ってもその通り。高い石段を登らないと、あのお寺の仏前には行けない。

また、ご神殿へ行こうと思ったら、やはり一段一段と高い石段を登って行かないと。神さんは、下へは降りてきてくれない。だから、神や仏に近づこうと思ったら、自分から一生懸命にその石段を登っていかねばならない。

今日一日苦労したこと、腹立ったこと、人に嫌なことを言われたこと、これは自分の魂を清める行《ぎょう》である。だからその行を終えたら、一段石段を登ったことになる。

そして「今日はこんなことがあったなあ、これは行をさせてもらったのじゃったなあ」と、こう感謝するんです。そしたら、自分を害した人、腹立てた人、悪い人がしたことがかえって感謝になる。

しかし、人のしたことに感謝をもつような、そんな素直な心には、なかなか人間はなれないと思う。ほっぺたを叩かれたら、「もう一つこちらも叩いてください」と言って、本当にほっぺたを差し出すような、気のいい人はなかろうと思うのです。

だからこそ、自分から「こちらも叩いてください」と、本当にそう言って出せる人、それは神と同じ心の人なのです。そうしたら叩いた人が、「申し訳なかった」と心から悔い改めて、叩かれた人に向かって「本当に悪かった」と、手を合わす気持ちになると思うのです。

叩かれたら腹立って、叩き直してやろうという心だったら、火に油を注ぐようなことなのです。相手の人が振り向いて、ぱんぱん怒ってくれば、こちらは手を伏せて、まあまあと抑える。手の平を上に向けると、あおぐことになってしまう。まあまあという気持ちが、世の中を美しく、仲良く暮らすことの一つになるのです。

皆様方は導火線になって、どうぞこの伏せる気持ち、皆様方の怒った、悪い心をできるだけ、伏せてあげる気持ちになってください。心を素直に美しく、魂を磨いていただいて、本当の幸せをつかんでいただきたい。

この世が本当に苦の世界、修業の世界であれば、この世の方が短く、あの世は長い。そのあの世の長い生活を、楽に、幸せに、明るいところで暮らしていただければと存じる次第。

皆様方、どうぞ、「信仰しておればこそ、このようなときもじっと抑えられた」「腹立ったけど、言い返さずに済んだ、これも信仰のお陰だ」というような気持ちをもって送ってほしい。

他の人が邪険なことを言っても、その気持ちでいていただけるなら、相手の人も悪かったと、きっと感づいてくれると思います。感づかせてあげてこそ、その人も幸せな生活を送るようになって、初めて冥土のなかでも良いところへ行ける。一人でも救ってあげればそれだけ、「石段を一つ上へあがった」と思ってくださったら、皆様方の今の苦労、苦しみ、腹立ち、悲しみ、そんなものは消え去っていくのです。

「一段上へあがったなあ、よかったなあ」という気持ちです。

　夜になって今日一日を反省したときに、

「まあこのようなことがあったけれども、自分があの人に言い返さずに、抑えてこられた、この辛いことも一つ過ごしたのだ、ああ石段を一段上がって、神の世界へ近づいたんだなあ、これでまた良い極楽へ行ける。一段近くなったんだなあ」

と、こう思っていただきたい。そうすれば、苦労は苦となってあらわれずに、喜びとなってあらわれるんです。

　嫌なこと、辛いことがあっても、また病気したときでも、どのようなときでも、苦と思わずに、

「これで神さんから一つ戒めをいただいたんだなあ、悟れという知らせを受けたんだなあ、これで自分も大人になれるんだなあ。ありがとうございます」

　というような気持ちでいる。

　こうして日々を喜びと感謝で暮らせるようになったら、本当に皆様方は神と仏そのもの

と一緒の心になれるんです。

「あの人は信仰しているけれど、なんのために信仰しているのかなあ、あんな悪いことばかりしている人、なにも信仰した甲斐がないじゃないか」と言われたら、それはその人が本当に信仰したことになっていないのです。

ところが、「あの人は神さんのような人だなあ、信仰しているだけのことがあるんだなあ、ああ、いい人だなあ」と言われると、自分が思わずとも、人からそう言ってもらえるだけ、その人はもう神さんのような、仏さんのような人になっているんです。

だから、信仰しておられる皆様方、どうぞ、「あの人は本当に神さんのような人だなあ」と、人から言っていただけるような、そんな人になっていただきたい。「信仰したお陰じゃなあ」と、自分もそう感謝できる人になっていただきたい。

「信仰しているのにあんなことでは、なんにもならんこっちゃ」と言われたら、本当に自分も惨め、人も惨め、この世も惨め、なにもかも惨めな、暗い世の中になってしまう。皆様方が率先して信仰の道を開いて、明るい生活をして、この世を苦の世界から、幸せな明るい、楽しみの世界に変えていただきたい。

弘法はいつも、そう念じ、またお願いする次第です。どうぞ、このような気持ちで過ごしてくだされ。

心を明るく持つ

弘法の生きているときも、それは苦の世界でした。苦というものは自分でつくるもので、弘法は、あらゆる苦を自分でつくったようです。ただのんびりと、幸せに暮らそうと思ったら暮らせたんです。なんの苦もないし、なにも苦労を買って出ないで済むことだったんです。

ところが、生まれて五つの年に、仏の道というものを感じ取って、「なんとかして、人を救う道に入りたい。自分が一生懸命にこの世界に住んで、皆様方を導いていきたい」という気持ちを持った。持ったばかりに苦労した。

だから私は、自分で苦労を買ったようなものなのです。しかし、その苦労をしたおかげで、こうして、千年経っても、千百五十年、千百六十年、二千年という日が経っても、弘法は、この世に生きている。生きて皆様方のもとに馳せ参じることができる。それだけ信仰の道に徹し、また行に徹した。これは苦労したおかげなんです。

苦を幸せに転じ、苦労したことによって自分の道を開いていく。この道を開いていってこそ、今その喜びをかみしめていられるんです。

どうぞ、苦を買うほどの気持ちで苦労してください。

しかしその苦労は、ただの苦労であってはなりません。「この苦労あってこそ自分の道が開けるんだ」という喜びと、楽しみと、感謝をもっての苦労でなくてはなりません。ただ苦にあって、苦労に喘《あえ》ぎながら、本当に悲しみながら、その悲しみに打ちひしがれながら、苦労を嘆いて暮らしていては、いつも打ちひしがれた、悲しい思いで、暗い生活をしなければならない。

その悲しみ、苦労を乗り切っていく、そしてその苦労に打ち勝っていく。明るい気持ちに立ち返って、後は喜びに変えていく。そのような進取の気性を持っていかねばなりません。苦に喘《あえ》ぎ、苦に負けて、日々みじめな思いで苦労してはなりません。その苦労に打ち負かされてはいけません。

どのようなことも、自分の心次第で打ち勝っていけるのです。

「今日これから大阪へ行ってこようかなあ」という気持ちをもったら、電車に乗る。そうしたら電車が大阪まで自分の体を運んでくれる。「今日はどこそこへ行ってこようかなあ」という、その思いつきに対して、電車に乗る、列車に乗る、バスに乗るという行動がマッチしてこそ、自分の身をそこへ運んでもらえる。

行動してこそ、自分の気持ちというもの、意志というものが通じるわけです。だから、思いついたらそれを行動に移して、切り開いていく、進取の気性というものを持たねばならない。ただ惨めな思いで、くよくよと、毎日悲しいと思っておっては、いつまでも同じ気持ちで、同じ暗い場所で、じっとしていなければならない。

いつの日にも、一つところで苦の道を選んでいてはいけない。このようなときには、じっと自分の心を開くということ、自分で乗り切っていくということを考えねばなりません。

皆様方がこうして、ご信仰なされているので、弘法も、いつも自分の苦労したこと、また乗り切っていったこと、いろんなことをお話して、皆様方の心を開いて、幸せになっていただきたい——そう思ってお話する次第。弘法のこの気持ちを、一つひとつ噛みわけてお聞き届けくださるならば、いつかはきっと幸せの彼岸へ達することかと思います。

お年を召してから、やっと信仰の道へ入ったというのでは少し遅い。

なんで、年いってくると信仰したがるのか、お墓参りしたがるのか、お寺へ参りたいのかというと、「自分もいつかはそこへ行かんとならん、仏にならんとならん、だから厄介になろう」という潜在意識があって、だから次第次第にお墓参りをしだす、お寺参りをしだす、ということになるんです。

お年を召さないうちから、神に近づき、仏に近づき、自分の身を修め、心を明るく持って、人のために尽くそうという進取の気性を持って、それが一日でも早いほど、早ければ早いほど皆様方が幸せになり、成功するということになるんです。

もう棺《ひつぎ》へ足を入れるようなお年になってから、「ああ信仰せにゃならん」というので、慌ててしだしてもちょっと遅い。

一日でも早く、それに気づいたらすぐ、早く手を合わす気持ちになって、毎日を明るく送ってくだされ。努力することです。

人に対しても「その人のためになってあげよう」と思いなさい。

「なってほしい」というのじゃなくて、「なってあげよう」という気持ちになってほしい。「なってあげよう」と思っていると、相手も「なってあげよう」と思う。「なってあげたい」と思う。

しかし、こちらから「なってほしい」と思っていると、向こうも「なってほしい」となって、相手が思うとおりになってくれないと、怒って喧嘩別れとなる。

これが、自分も「なってあげたい」、相手も「なってあげたい」という気持ちでいると、どこまでいっても、「なってあげたい、なってあげたい」で、いつまでも仲良く助け合っていける、ということになります。

「なってほしい」という気持ちがあれば、してくれなかったら腹が立ってくる。そして、いつでもそれが不足になって、明るい気持ちになれない。

いつも、「人のためになってあげよう、この人のためになってあげたい」という、そういう気持ちをもってすれば、その人に対して腹が立つとか、なにもしてくれん、というような小言は起きてこない。ちょっとなにかをしてくれても、「うれしいなあ」と思う。

神の信仰でもその通り。皆様方が十円ほどお賽銭箱へぽいと放り込んで、「ああしてください、こうしてください、お金を儲けさせてください、子供が達者で大きくならせてください、良い学校へ行かせてください…」

このように、いくつもいくつも頼んでも、神様もそうやすやすとは聞けない。自分そのものが一生懸命に努力してこそ、それを聞いてあげられるけれども、自分が頼んでおいて忘れてしまうように、努力しなかったら、これは通じない。

しかし、自分が頼みごとをするときには、「こんなことも頼んでるんだから、私も一生懸命にならないかん」と、子供に対しても「あんた勉強しなさいよ、神さんへもちゃんと頼んできてあげたから。神さんも守護してくれるんだから、あんたもそれに応えて一生懸命になりなさいよ」と、そう言ってやらないことには、神さんに頼みっ放し、子供が勉強しようがほったらかしというのでは通じない。

神さんに頼んだら頼んだだけ、自分たちも一生懸命になる。

「頼んでもなにもしてくれん。信仰ってなんにもならへん」と、こう言うようでは、心が通じていないんだから、それはもうならんでも仕方がない。自分の心が通じるようにしないんだから。つまり、片道切符というやつだから、神さんが一生懸命こうしてやろうと思っても、頼んだ本人が忘れっぱなしではなんにもならない。

やはり頼んだら、頼んだ真心をいつも心に持ち、「ありがとうございます」と、感謝で受けていかなければならない。

そして神のような心、美しい気持ちというものを、いつも神の方へ向け、人の方へ向け、明るい方へ向けて生活していけば、きっと自分の心が通じて、今不幸であっても必ずその不幸から脱出するんです。

皆様方、信仰しっぱなしではなく、信仰したおかげで、という気持ちをいつも心に持ってください。

心を育てる愛情

弘法も、皆様方お一人お一人の気持ちを、今読み取っています。皆様方がどのような気持ちを持っているかということは、皆様方の心へ入って、魂へ入ったら、みんなわかる。「うんうん」と、聞いているようでも、心が横を向いて聞いている人は――まあ、ここには一人もいませんけれども――そんな人があってもわかるんです。

「そうだなあ、本当にそうだな」と、心から聞いてくださる方、その方は本当に進歩があって、神に近づこう、仏に近づこう、人のためにしてあげよう、自分も幸せになろう、極楽へ行きたい、そのような心を持っておられる方です。弘法の今のお話を、心から聞いてくださっている方です。幸せになってくださる可能性のある方なんです。

弘法が話をしても、「そんなこと、わかっているのに」と、こう思う方が多いと思うんです。ところが、わかっていてもできないのが人間なんです。わかっていてできない。「それがしたいのに」と思ってもできない。そして悪の道へ落ちていくのが、弱い人間の心なんです。

強い人間にはそんなことはないんです。弱い人間であるから、誘惑に負けていく。人に誘われたら悪の道でもこれについていく。子供さんなんかもその通りです。

「これからあそこへ行くが、おまえも行かんか」と言って悪の道へ誘われて、「いえ、それはいけません。親が、そんなところへ行ったらいかんというから、僕はそんなとこ行けません」と、はっきり断れる人間、子供さんの強い意志、これを育てていくのが両親の愛であります。

この愛の不足しているお子さん方、カギっ子という、帰っても親がいない、なにをしようと親は知らない子が、「そんならまあ行ったろうか」と、両親の目の届かないところで、悪の道へ彷徨《さまよ》って行く。誘われていく。

自分一人だったらできっこないことを、誘われたらする。ここに悪友というものが入ってくる。良いお友達をつくっていれば、そのように、悪の道へ走っていくようなことはないのだけれど、親御さんが気づかなかったばかりに、悪の道に入ってしまう。

これは、どのくらいの年のころに陥りやすいかというと、やはり、子供から大人になろうというような、十四、十五から二十歳くらいです。

二十二歳、二十三歳にもなってくると、もう子供とはいえなくて、ひげの生えた大人になってくる。そこまでになると、悪いことと良いことのけじめがわかってきて、「そんなことせん、これはいかん、悪いことはせん」という気持ちがはっきりわかる。

ところが、十四、五から二十歳ごろまでは、自分の意志で断れない。誘われるとついうかうかとついて行く。このようなときにこそ、ご両親の愛情と支えが必要になってくる。子供をいつも目で追って、看視している。

「この頃ちょっとおかしいな。返りが遅いな。このようなこともちょっとおかしい」というように、気をつけていく。

そして、「転ばぬ先の杖」というて、「早く正しい方へ向けてあげよう」と…。これは深い愛情があってこそできることで、良い人間を育てていこうと思う心がなければ、できないことであります。

今はものが豊富にあって、一つもありがたいと思わない世の中です。

空気というものは、ふんだんにあって、いつも息ができるから、ありがたさがわからない。空気に「ありがとう」と、一つひとつ礼を言う人はいない。

ところが、空気のないところへ行って初めて、空気の本当のありがたさ、おいしさというものがわかる。井戸の中のようなところで、空気がなかったら、窒息して死んでしまう。そのあとに、必死でやっと上へあがってきたら、「ああ助かった、空気ってありがたいなあ」と思う。

昔から「親のありがたさがわかるときには、親はなし」という言葉がある。早く、ありがたいことに手を合わせる心になってください。

ご主人を戒め、自分でもできるだけ神に仕えて、仏に近づけるような、立派な魂の持ち主になっていこうという、磨きのかかった人間になってください。

この世は、そうすることによって、明るい社会、明るい国、助けあう国になっていくんです。「自分だけよかったらいい。人はどうでもいい」というような人ばっかりだったら、この世はもう真っ暗になってしまう。

国でもその通りで、「自分の国だけ栄えたらええわ、他の国はほっとけ」というような気持ちでは、とてもこの世界はうまくいかない。昔は遠いところにあった他の国、コロンブスが初めて大陸を見つけたというような、そんな時代では、なにも他の国のことは関係なかった。自分の国だけを守っていればよかった。

しかし今は、国と国というものはもう隣人同士のようなもので、それほど近しくなってしまった。だから、隣の人とつきあうように、国と国とのつきあいも大事な世の中なのです。弘法が生きておるころは、そのような世界ではなかった。しかし今は、本当に大事な、一番大事なときじゃないかと思うんです。

「自分だけ良かったらいい」というような気持ちでは、とてもやっていけない。助け合っていこう、手を合わせていこうという、その気持ちが一番大切なときであろうと思います。

家庭もその通り。社会もその通り。国もその通り。

「皆が手を携えて、助け合っていこう、自分だけがよかったらいい、というような気持ちを捨てていこう、拝み合っていこう」という気持ちがなかったら、戦争が始まって、爆弾をどしゃんと落とされたら、あっという間に、キューといってしまう。今はそのような本当に危なっかしい世の中。

この一番大事な今の世の中、拝み合っていくことが、大切かと思います。家庭もその通りであろうと思います。

笑顔と優しい言葉

しかし、こう言っても、それに反する人がいかに多いかということは、毎日の新聞を見ればわかるでしょう。人が儲けたお金を横取りするとか、「自分だけよかったらいい」という気持ちがあるから、そんなことができる。何億円も持って逃げたり、あるいは、人のお金をうまいこと騙して取ったり。そんなことをするのは、自分だけよかったらいいという気持ちがあるからです。

人の幸せを願い、人の気持ちを拝む。そんな気持ちの人は、悪いことは絶対にしない。自分たちの心を、あるいは自分たちの大事な子供を、悪の道に走らないようにしようと思ったら、お父さん、お母さん、あるいは兄弟、みんなが手を携えて、力を合わせていかなくては。

「自分だけよかったらいいというような、邪険な気を持たないでいこう、拝み合っていこう」――そのような気持ちを、大事に育てていかねばならんということなんです。

どうぞ、今ここにおいでくださっている皆様方、これからもあなた方は、その先頭に立って、「拝んでいこうね、手を合わせていこうね、喜び合っていこうね、明るい社会をつくっていこうね」という気持ちをもって、隣の方々から導いてあげていただきたい。

できるだけ明るい社会につくっていただきたい。といっても、なにも、「隣の家へ贈りものを持っていってあげなきゃならん」というんじゃないんです。

ただ、心です。本当の愛情と明るい気持ちと、向こうから「こんにちは」と言われたら、明るい笑顔で「こんにちは」って言う、この愛情の心なんです。

なにか一つ、ものを持っていってあげなければ、隣と交際できないかといったら、そうじゃない。なにか持っていっても、プンプン怒って、ポイッと放り込んで、さっと帰ってきてごらん。だれも喜ばない。

それよりも、朝起きて隣の人に出会ったら「おはようさん、今日はお天気いいね」と言う、この愛情と笑顔です。これが人を幸せな心にする。

人の心を幸せにするには、なにもものは要らない。笑顔と言葉、やさしい言葉だけでいいんです。言葉というものは本当に大事なものなんです。

「言葉で人を切る」と言います。邪険な言葉を使ったら、使われた人は本当に傷つくんです。だからできるだけいい言葉を考えて、相手の人が喜ぶよう、また「幸せだ」と思うような言葉を選んで、相手に告げてあげるんです。

その人が「こんなこと言ったら心が痛むだろうな、嫌に思うだろうな、邪険に思うだろうな、悲しむだろうな」というような言葉は絶対使いたくない。このような言葉は、人を切って、人を惨めな、暗い気持ちにさせる。

だからできるだけ、人を幸せな気持ちにしてあげるような、明るい、優しい言葉を使ってあげる。

これはやはり、皆様方の深い愛情と、和という気持ちと、合わせていこう、手を合わせていこうという気持ちなんですね。

「皆明るい社会、ひいては自分もその明るい雰囲気に浸っていけるんだから、自分も幸せになっていける」——どうぞこのような気持ちで、幸せな生活を送ってください。

ここで皆様方と来年会うときは、「もっと私は幸せになっておきます」と、このような気持ちをもってお別れしたいと思います。

拝み合いましょう。皆様方とここで拝み合いましょう。手を合わせて、ここで拝み合うんです。ご主人に、妻に、親に、子に、隣人に対して、拝み合う気持ちで、手を合わせましょう。

ありがとう。弘法のこのお話を聞いてくださって、ありがとう。

昭和六十三年七月十五日

ちょっとした不注意

「オギャー」と生まれてからの、人の道はみんな違っております。夫婦であろうが子供であろうが、どのような人でも顔が違うごとく、心も違えば道も違う。することも違う。なにもかも、ひとりでやっていかねばならないのです。

「死ぬときはひとりだ」とよく申しますが、どのように睦み合い、愛し合った夫婦でも、主人が亡くなったから自分もついていこう、というわけにはまいりません。また、愛する家内が逝ったから、淋しかろう、わしはついていってやろうといって、ご主人がついていくわけにもまいりません。

そのときはやはり、涙ながらでも別れなければならないかと思います。

人の人生は一人ひとり別の道があり、一人ひとりの行いがあるのです。

生まれたとき、その人の一生が決まるといいます。

「幸せな星の下に生まれたから、あの人は一生幸せだ」という言葉があるけれども、その星の下に生まれあわせたこと、そのこと自体も神の恵みがあり、先祖の力添えがあってこそのことでございます。

しかし、いくらいい星の下に生まれても、先祖の余徳を受けても、自分が努力なしに怠惰な生活をして、のらりくらりとしていたのでは、それはどうにもなりません。

いかに先祖の方々が残してくれた田畑でも、つくるのを忘れたり、それを売り飛ばして、それを利用して遊興に使ったりすれば、気がついたときには全部なくなっている。

人の人生というのは、自分の努力、努力が大事かと思います。やり抜こう、やっていこうという、その精神力、進取の気性、それが一番自分を幸せにし、家族の者を幸せにし、また世間、引いては国まで、幸福な明るい国にするものではないでしょうか。

皆様方の、そのふとした思いつき、心によって、この世は成り立っていくものなんです。

弘法は一昨年も話したとおり、讃岐の、今でいうと七十五番の善通寺というお寺がありますが、そこで生まれたのです。

それからもう千二百有余年経っております。その間、六十一歳までの日を一生懸命に歩き、一歩も欲得なく、歩きつめて参りました。そして次は、高野の弘法といわれるまでの、このお山においての修業。四十二歳のときに高野へ登ったのですが、それからあとは、この山を開くため、皆様方の幸福を願うために一生懸命になりました。

六十一歳の年に、この身はもう、どうにもならんというところまで参りまして、はじめて入定させていただいたのです。

それまであらゆる苦行をし、あちらこちらに印を残してありますが、その苦行というものは、それこそ今のような時代でなく、一歩一歩歩くということそのものが、一番の行でした。

それこそ破れ衣《ごろも》に身を包んで、お人の門に立ったとき、「汚いから早く行け」と箒で叩かれたり、托鉢の入れものをはね飛ばされたり。いろいろな仕打ちを受けましたが、なんで弘法がそのようなことをしたのかというと、人の人情を見るためでした。

綺麗な着物を着てお人の門に立つときは、誰でもがきっと、いい顔をして「お入りください」と言うであろう。しかしオンボロの汚い着物を着て、これ以上汚い衣がないというような、そのような者が門に立ったとき、そのとき初めてその人の心がわかるんです。情があったら、いかように汚いなりをしておろうが、「一杯のお茶でも飲みなさい」と言ってくれる。

一杯の水を所望したとき、それを心安く応じた方、またそれを邪険に断った方、いろんな人情話がありますが、こうして人の心というものを噛み締めながら、あちこちと回りました。

皆様方も、生まれてから一生の間、本当にいろんなことがあると思います。それを一つの小説として著《あらわ》しても、大変な枚数になり、また興味ある小説になるかと思います。しかし、自分一人の力では、なかなかに自分のことや、人のことを、やり抜いていけない。

このようなときに人の情を受け、また神や仏の力を受け、そして、その情をくださった方に、いつも真心からの感謝と恩を感じていれば、その人の一生はいつも情《なさ》けに満ちた幸せな一生、明るい一生となるのです。

昔から言うように、どのような玉でも磨かねば光が立たん、磨かなければ光が出ないんです。光を出そうと思ったら、苦行難行、苦労して自分の魂を磨いて、人の心を自分の心とする。そのように磨いていかねばならないのです。

ちょっとした不注意――わかりやすく言うと、たとえば、皆様方がお風呂へお水を入れておくとする。どんどんと水道の水が入る。そしてそのまま忘れてしまう。そうすると、その水は誰かが止めない限り、どんどん入って溢《あふ》れてしまう。

また、このごろは昔と違って、便利過ぎて、ちょっとひねるとガスが出て火がつくんですね。それへおかずをかけて置いて、よそへ行って喋っているうちに、火にかけたことを忘れてしまう。そうするとその鍋が黒焦げになったり、中のおかずも真っ黒になってしまって食べられない。

それだけならいい。鍋とおかずを駄目にしただけですむならいいけれど、それがために、そのお家を焼いてしまう不幸に遭う、ということがあるでしょう。

ちょっとした不注意、本当にちょっとした不注意なんです。

向こうから来ている車を避《よ》けかねたり、自分から飛び出していく。前を走っている車を追い越そうとする。いろいろな心のちょっとした隙間が、その人の一生を台無しにしたり、怪我や、過ちを犯したり、あるいはその結果、不幸にして、その人の体がいうことを利かなくなったりする。さらには、そこで一生を終わってしまうというような、ご本人にも家族の者にも知りあいの方々にも、本当の不幸をつくってしまう。

これもその人の不注意、ちょっとした心の迷いかと思います。そのちょっとしたことに注意をして、今日を昨日より以上に大切に暮らしていけば、明日は万全に送れる。今日を油断したばかりに、明日への不幸を招いてしまう、というようなことのないように、自分も、また家族も、他人も、近所づきあいする方も、全部に注意して送っていただきたいと思います。

感謝して仕事に取り組む

一生というのは、今言ったように、あっという間に終わってしまうんです。今日を疎《おろそ》かにしていると、その時間はもう戻ってこない。今日の日は、明日に戻ってこない。どんどんどん先へ進んでいくけれども、後ろへは戻ってくれない。時計の針が進んでいくけれど、後ろへ遡《さかのぼ》る時計はない。針が進むように自分たちの一生も進んでいく。そして、いつかは黄泉の世界へと旅立たねばならない。それまで自分が悔いのない一生を送りたい。

その人その人の力と、また、もって生まれた天稟《てんりん》、それを利用した職業につき、自分の職業を大切にして、その人がいなかったらどうにもならんというような、会社では、「あの人がいなかったら不都合じゃ」「今日休んでいるので本当に不便じゃ」と言ってもらえるだけの力をつける。

真面目に働く。自分ばかりでなく、会社のため人のため、社会のために働いていこうという、その心掛けがその人の一生の徳となり、一生の力となって、自分が幸せになり、楽になっていくんです。

人それぞれの天職、それを忘れてはいけないと思います。大工ならば大工仕事。左官ならば左官の仕事。また会社に勤める人は、天職のつもりでその会社の仕事を一生懸命にする。

月給をもらうから仕方がない、働かねば仕方ないというんじゃなくて、会社のために働こう、働いたからこそ、その余徳として月給をいただく。月給をいただくから働くんじゃなくて、働くからそれを愛《め》でて月給をくれるんだ、というくらいに徹底すれば、不平不満なしに、一生懸命、陰日向《かげひなた》なく働ける、ということであります。

社会のためになにもならないようでは、一生を送った甲斐《かい》がない。

「本当に善い人であった。惜しい方を亡くした」と、誰からも惜しまれ、嘆かれながら他界する。

自分もまた「いろいろお世話になりました。これで本当に自分の天寿を全うできました。ありがとう」と、そういって悔いなく、自分の一生を笑って、感謝して、皆に礼を言って、あの世に行きたい。そして、そのような一生ならば、間違いなく極楽へ行けるんです。不平不満を言って、腹を立てながら暮らしたんでは、その人の一生は暗く惨《みじ》めなんです。

喜んで、朗らかに、一生を終わりたい。どのようなことでも、いやいやするのと、喜んでするのとでは、その仕事の能率はずいぶん違ってきます。喜んでするのは励みがあります。楽しみがあります。一生懸命にやろうという意欲があります。しかし、「嫌だけど、仕方がないなあ」と言いながらするんでは心のノリがないから、できた仕事にも、本当の良い結果が生まれない。

いつもいつも、嫌な気持ちで仕事をしておったら、会社であれば、上役の人は喜ばない。また、どのような役職におられる方でも、喜んでは使ってくれない。「その人がいてもいなくても、どうでもいいなあ」というような、そのように言われたら、自分も惨めではなかろうかと思うんです。喜んでもらって、人のために働けるという意欲があってこそ、その人自身の力もできてくるし、一日を愉快に元気に、働いていけるんです。

また、女の人もその通りです。女の人には天職があります。子供を産んで育てること、それは男の人にはできない。女でなければできない仕事なんです。「女は弱し、されど母は強し」という言葉があります。皆さんが自分の子を産み育てる。そして、立派に成人した暁《あかつき》に、この社会を担っていく人に育てていく。それは女の人の役目なんです。

それは大変立派な仕事です。

「こんなことをして、毎日同じことをして、アホらしいなあ」というんじゃなくて、皆様方がこうして子供を育てて、「この子が立派な社会人となって後を継いでくれるんだ。社会を背負って立っていくんだ」というような励ましの言葉と、自分の子としてじゃなく、「社会の子、国の子として預かっている」という、そのような気持ちをもって子育てをしてほしいと思う。

自分の子だから自分の思うようにしたらいい、というんじゃなくて、「社会から、国から、預かっている子供さん。神から預かった子供なんだ。立派に育てなければ、神に対し、仏に対し、あるいは先祖に対して申し訳ない」

このような気持ちで育てれば、子供さんもその心を受けて、不良になったり、怠惰な気持ちをもったり、親に反抗したりすることはできないと思います。

お母さんの愛情。どのような苦難も、お母さんの愛情で切り開いていけるんです。お母さんの愛情というものは、汲《く》んでも汲んでも尽きない。どれだけ照り輝いても減らない。涌《わ》く泉のごとし、太陽の光のごとしであります。

愛情というものは、毎日注いであげても、終わるものでも、なくなるものでもない。

今はあまりないけれど、「井戸水」というのがあります。堀をつくってガチャガチャ汲んで水を出す。あの井戸の水というのは、汲まないでほうっておいても、溢れてそこらの道へ出てくることはないんです。汲んでも汲んでも尽きない。しかし、汲まないで大事に置いておいても、溢れ出てそこらを害することがない。汲めば汲むほど、綺麗な水になって出てくる。

人間の力というものもその通りです。自分が一生懸命やればやるほど、力が湧いてくるんです。もう明日のために貯めておこうと思って、力を出し惜しみして貯めたからといって、それが二倍にも三倍にもなるものじゃない。「汲めど尽きぬ井戸水のごとし」と思って、自分たちの力を、いつもいっぱい出してください。

しかし、過労というものはいけません。疲れたときは、これはもう早く疲れを癒すために休んで、調子が悪いなと思ったら、早くお医者さんに診ていただいて、その病気と原因をつきとめて、用心をしていただく。それが長生きの秘訣じゃなかろうかと思います。

お年を召してくると、どうしても血行が悪くなります。血の流れが悪いということは、要所要所に栄養が到達しないということです。脳へ栄養を送れないということ、脳への血の流れが悪いということは、脳が食べていないというのと同じだから、脳の働きがだんだん悪くなって、中で血管が切れたり、あるいはボケたりするんです。

また、足の方への血管が固くなると、引きつったようになって動けないので、脛《すね》が痛い痛いといいながら、跛行《はこう》（足を引きずること）して歩くというようになる。

このように血行が悪くなるので、できるだけ若い血管にしておくことが大事です。それにはできるだけ手足を動かすことが大事です。じっとしていると余計固くなるんですね。

若い方がよく体操していますが、同じように体操する。手足を動かし、柔軟な血管にしておく。そして血の流れを良くしておけば、ぼけたり、あるいは足腰が痛くなったり、動けなくなったり、ということはないんです。

それだけの気力を持って、それでも悪いときには養生して、休ませてもらえるということは、神が休養をくださったのだと思って、治るまでくよくよしないで、のんびりと休養なさることが大事です。

その休養されている間でも、いらいらして、早く良くならなければ、とあせって、あまりいらいらがすぎると、病気そのものが治りにくくなります。そんなときは、かえってのんびり腰を落ち着けて療養することが大事。

このように、悪いところは早く見つけて、その病原を断っていただき、良くなれば、一生懸命に働こうという意欲を持つ。これが一生通じて、その人の本当の力が全部発揮できる、頑張れる生活ではなかろうかと思います。

皆様方が今日幸せでも、明日のことはわからない。だから、明日のために今日を大事に思って暮らすことが、一番大切なのです。先ほども言ったように、なんぼ注意しても、注意しすぎることはない。

たとえば、車の運転をするときには、集中力をもって安全運転をし、無謀な運転をしない。向こうからくる車を避けそこねたり、狭い道で追い越そうとして接触したり、また居眠りしてガードレールにぶつかったり、なんでもないのに、ただ注意が足りなかったばかりに、その人の一生を終えてしまうということがないように。注意力を働かせて、一生を大事に使っていただきたい。

惜しまれて死ぬ

体がいうことをきく間に、皆本当にしたいことをしていくことです。生まれてこのかた、したいことというのは、それぞれ希望があるでしょう。その希望を、なにをしたいのか自分の心を見極めて、それに対して、集中力を持っていくことです。なにも考えないで毎日ぶらぶら、朝起きたらご飯を食べて、それこそ、「食うて寝て、起きて、糞たれて、子は親になり子は親になり」という言葉があるんですが、それでは人生に花を咲かせることはできない。ただ生まれて、ただ生きているだけで、このような人生ではつまらない。

死んだ後でも、「あの人はよかったなあ、あの人は本当に立派な人であったなあ」と言ってもらえる。それにはその人の人生の花を咲かすこと。花を咲かせて、「幸せな人生であった」と子にも孫にも、すべての人に喜んでもらって、惜しがってもらって、あの世へ行ける人であってほしいと思います。

そのような気持ちで、どうぞ今日からの人生を明るく、力強く、がんばってください。皆様の人生は自分のためのものです。しかし、自分だけのものばかりじゃないんです。受け継いでくれる子供や子孫、また社会や国のものなんです。

一人が悪いことをしたために、どれだけの嘆きを受けるかわからない。自分の行いは自分に責任があるんです。そして、一人ひとりの責任は重大なんです。

というのは、自分一人くらい、と思って軽はずみにしたことが、社会を無茶苦茶にすることがあるでしょう。また、一人油断して火事を出すと、今日このごろのように家が密集していると、自分の家だけで済まず、隣やずっとその向こうの家まで焼けてしまう。

自分一人の不注意から、社会に、また子供たちに、悪を残していくことがないように。自分の人生は自分で開拓し、責任を持って進んで行く。昔「人生わずか五十年」といっていたころと違って、もう今は八十年、九十年ということになっている。だから皆様方は幸せなんです。長生きできるうえに、自分さえ注意して暮らせば、年寄りに至るまで、皆で大事にしてくれる。こんな時代は今までありません。社会が、老人救済のために、老人ホームなり、老人の方々の福祉など、いろいろ考えてくれる喜ばしい世の中なんです。

自分一人注意して、落伍《らくご》しないようにがんばっていけば、このような幸せな国だから、本当に喜ばしい人生を送られると思うんです。

どうぞこの一生を悔いのない一生にしてください。もう余命幾許《いくばく》というようなときに、初めてその人の幸せがわかるという。死ぬときに初めて、その人の一生が幸せであったかどうかわかる、ということですが、本当にその通りです。

死ぬときに本当に喜んで逝ける、また皆様から惜しまれて、花の散るように亡くなっていく、それがその人の、一生を送るうちでもすばらしい送り方です。そのときになって、初めてその人の力、人格というものがわかる。

これから先の人生を、皆さんどうぞ大事に、がんばって明るい生活をしてください。そうすれば、良かったなあ、これからまた極楽へ行って、一服しようかなあという、そのような気持ちで暮らせます。がんばってください。

平成五年七月十五日

心について

今日は心の持ち方について、お話しさせていただきたいと思います。

心というものは、絵に描けるものではない。人に告げることもできないけれども、一番大事なものであります。一日の暮らし向き、また皆様への接し方、それは心を伴ってこそ、自分の人生が幸福になるか、不幸になるかの分かれ道なのです。幸福になるためには、真心を込めて人に接し、人には親切にし、自分のできよりも人のできを思い、人の憂いを見て自分も悲しむ。人の喜びを見て自分も喜ぶ。人が不幸になればいいというような心では、自分がだんだんと不幸になってくるのです。

心に描くことは、必ずあらわれてくる。なれば、人の不幸を喜び、人の不幸を待っているような暗い心を持っていると、自分が不幸になるのです。

皆様方はいつも人の幸福を念じ、心明るく親切に、いつの日にも助け合っていこうという心を養ってください。それが幸せの道に繋がることだと思うのです。

弘法がいつも念じていることは、皆様方の幸福であります。健康であります。健康のあるところには幸せも伴います。

不幸はどのようなところから来るかというと、人を狂わす、人生を狂わす、日々を狂わす不健康にあろうかと思うのです。今日幸福だとしても、明日病気になったり、事故で亡くなったり、そんなときには、幸福の絶頂からいっぺんに不幸のどん底へ落とされるのです。そのようなことがないように、日々を明るく幸福に送っていただきたいと思うのです。

それにはやはり、心の持ち方が大事です。ガンであろうが、どんな病気であろうが、心の持ち方によって、病気は治るものなのです。どのような病気であろうとも、治ろうとする一生懸命の心、また医薬の力、生命力と、天地に漲《みなぎ》るパワー、神仏の力をいただくことがあれば、心配することはない。そして、一日も早く健康体に戻られて、翌日からは笑顔でお仕事のできる体になってほしいと思います。

病気になったときは、無理をしないで、「これはちょっと一服せよという神の知らせだなあ」と、こう素直に取って休養する。

神が一生懸命お守りくださっても、神が守ってくださるから、お守りを入れているからと、甘えて無茶をして、具合が悪いのに激しい車の流れに出れば、きっと怪我や過ちをするんです。また、神が守ってくれるからと、雨がジャンジャン降っているのに、傘をささないで出て行ったら、すぐにずぶぬれになってしまう。それは自分が自然に逆らうからです。

寒いときは、衣服を暖かくする。暑いときはそれなりに衣服を定める。人事を尽くして天命を待つ、というような気持ちで過ごす。これが、幸福の道に早変わりすることじゃないかと思うんです。

愛について

皆様方の背後には、こうして高い神々が、愛しいお子様を抱きかかえるようにして、いつもお守りくださっています。お母様の愛情のような、慈しみ深い神々がお守り役をしてくださっておられるのです。

天祖参神大神様、また高彦王大神様、これは人に愛というものを授けた神であられる。なれば皆様方のお心には、「愛」というものがたくさんある。その愛というものを、夫婦愛、子供への愛、また隣人愛、ひいては国と国との交流へと広げる。今は隣人愛だけでは終わらないのです。隣家同士のつきあいだけでは済まない。

弘法が若いころに、唐天竺《からてんじく》まで参ったことがありますが、行くだけでも二か月も三か月もかかったんです。しかし今は、飛行機に乗れば長い時間をかけずに、隣町に行くような気持ちで外国に行ける。すぐ隣のことのように感じる。

また、テレビがあって、戦争をしている姿、不幸な方々の可哀想な姿、食べるものがなくてやせ衰えたお子の姿、苦労している難民の方々の姿、それらが居ながらにして、全部わかってしまう。本当に皆様方は、世界の人々と、一つの国で一緒に暮らしているような身近な生活をしているんです。

従って、「自分の国だけ良かったらいいわ」というような気持ちでは、本当に自分たちが幸福になれない。わかりやすく言うと、自分の家だけ立派に建てて守っても、隣の家が火を出したらどうなりますか。隣だけの火では済まない。すぐに自分の家も焼けてしまうんです。他所事《よそごと》に思っていられない。今は、そのような突き詰めた世の中であるのです。心を閉じてしまって、自分だけ良かったらいいわ、自分だけ幸福ならいいわ、というのでは、この国も他所の国も、宇宙全体が幸福になれないのです。

大きな気持ちを持って、大きな心を持って、助け合っていく。幸福になるためには、我利我欲だけに走らず、できるだけ助け合っていこうという進取の気性を持って、やり抜いていただきたいと思うのです。

そして、皆様方のこの愛と真心があれば、それが宇宙に反映して、宇宙の愛がだんだんと拡がっていく。愛が拡がるところに、本当の平和と幸福が湧いてくるんです。

極楽と地獄について

自分だけが良かったらいいという、さもしい、淋しい気持ちでは、きっと幸福にはならず、自分が本当にみじめな暗い気持ちに陥《おちい》ってしまう。霊界というところへ行くと、皆が明るく晴れ晴れとした気持ちで、助け合って暮らしています。極楽の生活です。ところが、霊界の内にも、極楽もあれば地獄もあるんです。

その地獄へもし落ちたらどうなるでしょう。毎日暗い、じめじめしたところで、ご飯を食べようと思えばそれが食べられなくなり、明るい生活のないところで、二十年、三十年、五十年と、月日の流れを感じることもなく、本当にみじめな生活をしなければならない。

皆様方には、極楽の生活をしてほしい。今、極楽の生活をしておけば、あの世へ行ったら、きっと幸せな極楽へ行けるんです。今日みじめな思いで、暗い生活、地獄の生活をしている人は、あの世へ行ってから幸福になろうとしてもすでに遅し。心に映し出された地獄の絵が、向こうへ行っても映し出されてしまう。そうすると、「この人は地獄へ行く人」「この人は極楽へ行く人」と道が分かれてしまう。

そこで思案して、「ああ、いい生活をして良かった。本当に嬉しかった。ありがたかった」と感謝して極楽へ行く人は良いのです。

しかし、「ああ、このようなことになれば、生きているときにもっともっと皆さんのお役に立っておけばよかった。もっと人のために働いておけばよかった。自分のことばかり思って、欲張りな生活をして悪かったなあ」と、死ぬときに気がついて、懺悔《ざんげ》しても、時すでに遅しです。

そのときにはもう、地獄の入り口へ一歩入ってしまっている。引き返そうと思ったら、懺悔の心を持って、赦《ゆる》しをいただかねばならない。

皆様方、心というものは、今も申したとおり、本当に大事なものです。明るく朗《ほが》らかに、人のために尽くそうという進取の気性を忘れずに、今日はなにか一つ、良いことをしようと探すくらいにしていただく。今日朝起きたら、なにか良いことをしなければならん。夜までになにかひとつ、良いことをしなければいかん。そのような気持ちを持つんです。

たとえなにもできなくても、その心が天に通じる。そうすれば、皆様方のその心が、天へと映しだされていく。スクリーンに映し出されるように、皆様方の心が字幕にあらわれる。そして皆様方が、その日々の誓いによって幸福な極楽へ参られる。この世極楽、あの世極楽。本当の極楽の生活をしてほしいと思うんです。

弘法が、なんでこんなことを申し上げるかと言うと、あの世の生活というのが、この世よりももっともっと長いからなんです。

この世は、まあ、百年も生きたら長生きと言うでしょう。でもあの世はそうじゃない。もっともっと、二百年も三百年も同じところで生活しなきゃならない。

この世へは行に参って、行を終えると、またあの世へ行く。そして、あの世の行を終わったら、またこちらへ生まれ変わってくる。繰り返しの行をしながら、だんだんと進化して神の位をいただくんです。

今住むところは現界、この世という。次に行くところは幽界、幽霊の世という。その次は霊界。それが上になるほどに、天界、天上界、聖界というように、明るいところにだんだんと上がって行く。

ところが、下へ落ちたら、地の底のようなところ、今でいう地獄があるんです。地獄の底へ行くと、皆真っ暗なところで過ごしている。皆様は見たことがないから、どんな怖いものかわからないでしょうが…。

この世でも地獄の生活がありますね。しかし、この世ならば自分の努力で這《は》い上がれますが、あの世へ行くとそう簡単にはいかない。後悔しても、そのときはすでに遅いのです。この現《うつ》し世というものを、できるだけ皆様の手によって、慈しみ研磨し、磨き上げて、立派な魂の持ち主になっていただきたいと思います。難しいことではありません。必要なのは暗い心にならないことです。ただ明るく、にこにことしていることです。誰に出会っても。

「この人は明るい気持ちを持って、和《おだ》やかに接してくれるなあ。この人の怒った顔を見たことがないなあ。本当に神さんや、仏さんのような方だなあ」

本当にそう言っていただくように、自分の心を練り磨いていく。それが天に通じるんです。どうか、本当の極楽浄土へ行っていただきたい。弘法が仏だからそんなことを言うんじゃないんです。こちらにいらっしゃる神様も、同じことを申されておられます。神も仏も同じなんですよ。

違うところは、弘法が、やはり生命を持っていた、皆様と同じ人間であったということ。

人間であって、人間の生活をして、皆様のような方と交わって、一日を一生懸命に行して回ったということです。そして、現し身の行足りて、あの世へ行った…。

しかし弘法は、今に自分の亡骸《なきがら》は無くても、この生命力、魂というものは、まだ生きているつもりなんです。だからこうして、皆様方と膝を交えてお話ができるんです。年に一度ではあるけれども、こうして近しい皆様方と知りあいになって、いつの日も皆様方のお顔を思い出して、幸福であってくれるかなあ、どうしておられるかなあと、いつも心に念じています。

弘法と親しくなっていただけた皆様方は、この宇宙のお守り役をしてくださる、天祖参神大神様の現《うつ》し子です。そしてまた、愛豊かなる高彦王大神の愛《いと》し子であられる。弘法がもったいなくも皆様方と、こうして慈しまれている神々のお子様方と、膝を交えてお話しする。ありがたいことと存じる次第であります。

世界は兄弟

ちょっと話が変わりますが、初めて御意を得ました、野際家の、このお代《だい》さん（野際ミネ子）のことです。この方の先祖をずうっと調べてみたんです。高彦王大神様にもお聞きしたんです。そうしたら、一番のご先祖さんというのは藤原鎌足という方だったんです。

藤原鎌足という方は、六六九年に関白の位を得て、帝に仕えなされて、皇室、今の天皇家のため、一生懸命に尽くされた方です。それがだんだんと継がれて、弘法がこの高野山へ参りましたとき、そのときは嵯峨天皇という方が天皇の位でありました。ここに仕えておられたのも藤原という方で、鎌足という方のずっと何代も後の方だったそうです。

弘法が京都へたびたび招かれて行きまして、その方と交わり、いろいろとお世話になったこともありました。天皇のお申し越しをいただいて（指示をうけて）、あちこち行して回ったこともあります。帝のために、一生懸命に国家安泰を願って、祈願をさせていただいたのです。

また、唐天竺長安というところへ行くときに、そのお導き役、今でいうと外交官のような役ですが、その役に就いて、一緒に船に乗って長安へ行ってくださいましたのも、同じ藤原（葛野麿）という方だったんです。こう考えてみると、弘法との間に、なにか縁があるみたいです。もう何年も経ってから、わかったことなんですけれども。

本当に縁があったんだなあ。こうしてここにお下りさせていただいて、皆様に言の葉を告げるということも。

その藤原（葛野麿）様に一心にお守り役をしていただいて、船の上も一緒に、長安までご一緒させていただいた。その時代から、何代も何代も後の、末の末の方が、この代の里へ来て、そこで日々を過ごされ、子孫を残して亡くなったんだそうです。

いろいろ調べてみると、本当に世界は皆兄弟であり、知人であり、何も知らない人が一人もいない。考えてみると皆兄弟であるんだ。

私はアメリカ人だから、私はロシア人だから、ドイツ人だからだといって別々の国に育ちますが、それは生まれ変わってそこに住んでいるだけのことで、考えてみたら、昔には自分たちの兄弟であったかもしれないんです。

世界は皆一つ。皆兄弟、同胞なんです。

子孫へ残す徳と因縁

戦争したり殺し合いしたり、これは幸福をもたらすものじゃなくて、本当に不幸になる。他所《よそ》の国を取ったからといって、それで幸福になるんじゃないんです。大きなそれだけのマイナスのことがあるんです。

泥棒に入って、人の貯めた金をごっそり盗った。ああトクしたなあと思うのは、そのときだけです。「ああトクした。自分がなにもしないで、こんなにたくさん盗んできたから、たんともらってきて、ああよかったなあ」、そう思うのは一時《いっとき》です。それから後は一つもいいことがない。このようなお金を使って贅沢しても楽しめない。

「ああ悪いことしたなあ。バレるんじゃないかなあ。バレたらまた暗いところへ行かなくてはいけない」と、そのようにいつも「恐い恐い。ああ、えらいことしたなあ」と、後悔の念で日々鬱々《うつうつ》と生活しなければならない。

悪いことをして人を泣かせて、その泣き悲しむこの心、辛さというものを、自分が皆もらってしまう。するとそれが因縁となって、自分だけじゃなく、子孫までもその因縁を残していく。先祖の因縁を受けて、子孫の方々が苦労するという。そのような因縁をつくってはならないんです。自分の時代にその因縁を一つでも切ってあげて、良いことをして、子孫の方々が幸福になるように尽くしてこそ、皆が幸福になれる。自分の愛し子、孫子にいたるまで幸福になってもらう。

悪いことをしたら、孫子の末まで因縁を持って苦労しなければならない。人に、あの人の先祖はこんなことをしたんだぞと、笑いものにならないように。そのような罪を重ねないように。

できるだけ、立派な人間として日々を送っていただきたいと思うんです。いつも弘法が申し上げますように、皆様方には、不幸になっていただきたくない。幸福になっていただきたいんです。

高彦王大神様、また天祖大神様方の慈しみのあるこの殿堂において、不幸になっていただきたくない。神も仏も本当に我が子として、慈しみ深く見守っていきたいのです。

病について

皆様方、病気をせんように。病気をしたら、その病気を、なんとかして治してほしい気持ちを弾みにして、早く願って神様のお力を仰ぐことです。

お医者さんへ行っていいんです。医者というものは病気を治すためにいて、薬は皆様方の身を護るものなんですから、医者へ行って薬をもらって、早く治していただく。そして、実は医薬というものは、神がおつくりくださったものなんです。だから最初に神様にお願いする。

「こんな病気になっているんです。どうぞ早く治してください。医薬が効くように仕向けてください。お医者さんへ行きますから、どうぞお守りください」と。

その心が通じて、神が放っておかない。皆様方の心は神に通じる。だから、このようなときは神にお願いをかける。神にお願いをかけて、こちらの高彦王大神様が申されるように、医薬の力、自分の生きようとする生命力、神仏の力、この三つを利用して元気に幸福になっていただく。

五徳の脚は、一本欠けてもたちまち後ろへひっくり返ってしまう。これと同じで、五徳の脚がちゃんと三本あるように、三つの力がそろっていてこそ、皆様方の日々が幸福であり、健康であるのです。

そのような気持ちを持つことによって、病気をしないんです。病は気からということがある。病は鬱々とした憂鬱の影なんです。朗らかな気持ち、明るい気持ち、そのようなものをなくしてしまうと病気になる。鏡を持って、厳しい顔、悩んだ顔、泣きべその顔をしてみたらわかります。そんなとき、大きな声で「ワッハッハー」と笑ってみることです。

合わせ鏡

にっこりと笑うと鏡の中の自分の顔も笑ってくれる。朝、隣の人に出会ったとき、「おはようさん」と笑顔で言ったら、相手も「おはようさん」と笑顔で答えてくれる。

自分の心はみな鏡なんです。黙って「おはようさん、こんにちは」とも言わない、ツンとした顔をしていたら、隣の人もツンとした顔。それは合わせ鏡ですから。

あの人なにを怒っているのか、と、そう感じたら、まず自分の態度を振り返ってみる。自分から「おはようさん。今日はお天気いいね」と声をかけると、かけられた人はプンと怒って行ってしまうようなことはない。見知らぬ人でも挨拶すれば、必ず道をよけて「おはようさん」と、礼をしてくれる。礼は人にするんじゃない、自分にするんです。

自分が偉そうな顔をして威張って歩いていると、誰も礼をしてくれないけれど、自分から礼をすると、必ず皆、礼をしてくれる。だから、礼をして、礼をし返してもらう。人に尽くしてあげて、尽くしてもらう。そこに助け合い運動というものが出てくる。そうすると、「自分ほど幸せな者はいないなあ」と、幸せ幸せで喜びの生活を送れる。

自分がプンと怒っていて、人のためになにもしてあげないで、自分のことだけ思っていて、「あの人わしのために何一つしてくれんなあ。本当に腹の立つヤツ」というように怒っても、それは自分が悪い。仕方がない。

そのとき初めて、自分が人になにをしてあげただろうかと反省する。「私、なにもしてあげてないなあ」と、そう思ったら、その人にしてあげようという気持ちを養って、尽くしてあげようという気持ちをもつんです。

息子に、娘に、親に、隣人に、またご主人に、妻に、してあげようと思う。そうすると皆気持ちがよくなるから、互いにしてあげようと返ってくる。してくれないといって怒っていたら、自分が損。してあげようという気持ちになって、そして幸福になって、一日を本当に喜びに包まれて明るい生活をしていく。そうすると食べものが美味しい。美味しく食べられれば栄養が体にまわる。血となり肉となってくれる。

血の濁《にご》りについて

血が濁ると病気になります。白血球の働きが悪くなると、病原菌を吸い込んだとたんに、その菌に負けて病気になる。白血球がその菌を食い殺してくれなければ、自分が病気になる。その働きを良くするには、まず笑って暮らすことです。

血が濁ると白血球の働きが悪くなる。ガンになるのも、自分の心がガンになるような性質をもっている。その性質を洗い替えて、「人にはこれこれをしてあげよう、尽くしてあげよう。なんとかして人のためになりたいなあ」と、そのような気持ちを持って暮らしていくと、血の濁りがなくなる。

食べるものが美味しい。どのような菌が口から入ってきても、すぐ食い殺してくれる。こんなもんに負けるかって、白血球が働いてくれる。だから病気になりにくい。今年は風邪がよく流行ったね。風邪の菌が入ってきて、皆が病気になったかというと、そうでもない。

疲れ果てて、菌を食い殺す白血球の働きの悪い人ほど、風邪を引いたり病気になったりする。(白血球の働きが)確かな人は、別に風邪の菌が入ってきても、打ち負かされない。元気を蓄えるためには、いつも申すように、明るい気持ちを持つこと。そして美味しくものを食べられるようにしておく。それから、おかしいな、ちょっとどっか悪いなと思ったら、早々にお医者さんへ行って診ていただいて、合うお薬をいただくこと。合わないお薬ではいかん。「これはおかしいな、このお医者さんじゃ駄目だ」と思ったら、違うところへ行く。

自分に合った薬をいただいて、それで白血球の働きを助けてもらう。そしていつでも、心の中も、体の中も、菌の無い立派な体にしておく。健康体で暮らす。自分の心の中、体の中、腸の中も胃の中も、みんな健康にする。

やはりご飯を美味しく食べられるという、朗らかな明るい気持ちを持つことです。腹が立って悲しくてかなわんとなると、ご飯を食べても美味しくない。砂を噛むような気持ちで食べたら、どんな美味しいものでも美味しくない。血となり肉とならない。唾液が出てこないから、消化しない。消化しないから、腸へ行ったら下へさあっと通り越してしまって、血となり肉とはなってくれないのです。

感謝する

皆様方はご飯を食べるとき、「ありがとうございます。いただきます」と、本当に心から感謝して、食事をつくってくださる方、お米をつくってくださる方、野菜をつくってくださる方、それぞれの方々に対して厚くお礼を申して、感謝して食べなさい。「自分が金を出して買ってきたから、感謝せんでいいわ」というのではいけない。お金は自分が出しているけど、お金があってもものを買えない時期もあったんです。今はお金さえ出せばなんでも揃う。本当に贅沢な世の中なんです。今こそ感謝というものを忘れてはいけません。感謝のあるところに、本当の幸せがあるんです。

ものがあり過ぎても幸福になれない。なぜかと言うと、ありがたさがわからないからです。だから、「ありがたい心」、それをいつもいつも心に持つこと。

空気がふんだんにあると、空気のありがたさがわからない。しかし、空気のないところへ行ったらとたんに息ができなくなる。死ななければならなくなる。

たとえば、深い深い井戸の中へ落ちたとする。空気がない。そうするともう息がしにくくなって、苦しくてハアハアいう。そのとき助け上げてもらって空気のある地上へ出たら、「ああ、本当に空気というものは、こんなにありがたかったのか、もったいないことだ」と思うでしょう。

皆様方は、食べるもの、着るもの、なにもかもがふんだんにあるから、感謝を忘れてしまった。喜びも忘れて、当たり前という気持ちを持ってしまった。当たり前に慣れてはいけない。

大きな望み

昔、戦争のころに苦労したこと。一つひとつのものを皆で分け合って食べたこと。いつの日もその苦労を忘れずに、「今、自分たちがこうして幸福になっているんだから、難民を救ってあげよう。苦労している方に、少しでもあげよう。生活がしやすいようにしてあげよう」という、温かい気持ちを持つことです。

そして、この国を守っていく。自分の国だけじゃなくて、本当にこの宇宙全体、国全体、それを幸せな戦争のない、明るい宇宙の暮らしとしていきたい。それを大きすぎる望み、大きすぎる願いと思わないで、その念力というもの、それが宇宙に漲《みなぎ》ることによって、その力が宇宙全体を取り巻くことによって、幸福な国々、戦争のない、明るい国となっていくと思うんです。

昔は小さいことであった。考えてみると、本当に肉親同士でも戦をした。親と子が喧嘩した。また、兄弟喧嘩して国を取り合った。そのような狭い狭い心を持っておった。そのときは一つお堀をつくったら、それで守られた、という世の中だったんです。お城があってお堀をつくったら、他からは攻めて来られないだろうという小さい世界でした。

ところが今は、飛行機で上からどんどん崩し、核兵器というものがあって、それがどさんと落とされたら、もうペシャンコになってしまう。

このような世の中なんですから、自分だけ良かったらいいわ、の生活ができない。それこそ、そんな考えでは、この国というものがなくなってしまう。皆の命がなくなってしまう。

ノストラダムスという人の予言が、「もう十年もすると世界がないようになる」とあって、皆様方戦々恐々としているけれども、それはないと思うんです。

ノストラダムスの予言が当たるとして、ちょっとやそっとのことはあるかもしれない。普賢岳が爆発するとか、四、五日前にあった北海道の災害のような、あちらこちらでこのような天変地異というものが起きてくる。そこへもって、水素爆弾とか、ミサイルとかやることによって本当に傷つき、傷《いた》むところができてくる。

だから、それをしないように、諫《いさ》めあっていかなければなりません。今こそ締めくくりをよくして、人の粗《あら》探しを止め、人はどうでもいい、自分さえよかったらいい、という気持ちをしっかりと洗い流してつき合っていこうと。皆の力を合わせて、一致させて暮らしていかなければ、それこそ先ほど申したように、立派な家を建てて「私は幸福」と言っていても、隣が火事で焼けてごらん。自分だけいい家に住んでるわけにはいかん。みんなひとなめに焼かれてしまうのです。

だから、自分だけ良かったらいいわという生活は絶対にできない。やはり、皆を助けていって、皆が幸福になるために、それだけの努力をしなければならないのです。

こうして皆様方と今日一日過ごさせていただいて、わかっているようなことをくどくどと申し上げて、こんな暑い日に、痛い脚をさすっていただきながら聞いていただけた。誠に申し訳ないと思うのです。

弘法の申すことは、それこそ五たす五は十という、わかりきったことだと思うんですけれども、このわかりきったこと、くどくど申し上げましたが、幸せになっていただきたいという念頭を、お告げしたいと思うんです。

また、この九月にはお水の行に入ります。そのときには痛み止めの術をかけさせていただくために、弘法も来ますけれども、こうして言葉を交えて、皆様方にご挨拶するということはできません。

この夏、どうぞ暑さに負けず、元気に暮らしていただきたいと思います。また来年、今年よりももっと元気でいてください。そして、「弘法さん、今日もお会いしましたね」と声を掛けてください。私は声を掛けていただくことが嬉しいんです。

あの一の橋というところまで、皆さんを送って行きます。そして、皆さんの帰る後ろ姿に手を合わせます。

しかし、言葉は掛けられないんです。「元気で暮らしなさいよ。今日はよく来てくれました」、その心根をもってお見送りをさせていただくけれども、その言葉を告げられないんです。悲しいことであると思う。

平成十年七月十五日

痛み止めの術

皆様方、お暑いところをよく、ご辛抱くださいました。

弘法が千百何年と生きて、その時に使った術を久しぶりに使わせていただきました。皆様方の肉体、お体に術を当てさせていただけた。皆様方のお体のお悪いところを、できるだけ取ってあげたいという気持ちで、一生懸命にお勤めさせていただきました。

皆様方の病気には、治らないものは一つもありませんでした。肩の凝った方、お腹が痛い方なども、ちょっと揉むとか、お薬をもらって、手当てをすれば良くなります。まあ、一人二人は、一生懸命にならないと治りにくい方もありますが、それも命に差し支えはありません。

ご安心ください。皆様方は大神様、高い神々にお守りいただいており、大変にめでたいことです。お祝いを申し上げます。こうして立派な御殿が出来上がって、皆様方が、「お帰りなさい」と迎えてくださる。高彦王大神様も、こうして立派な御殿を建ててくださった皆様方に、一生懸命の行をあそばされたことだと思います。

五十年前、この代《だい》（野際ミネ子）を見つけて、天下ってお出でてくださった大神様。愛し子を抱きかかえて、お乳を飲ましているお母さんの姿のように、皆様を愛し、守り、慈しんでくださる大神様方のお膝元で、こうして安らかに生活できるということは、めったにないことだと思います。

弘法も、高野においては、一生懸命に修業させていただいています。若い付き人がたくさんいて、お食事の世話、お風呂の世話とやってくれていますけれども、こうして、言の葉は言えないんです。

「お前、こうせよ」とも言えないし、「ありがとう」とも言えない。それがもどかしくても、じっと辛抱しなけりゃならないのです。

しかし、こちらにお下りなされた高彦王大神様は、この代を使って、ものを言うことを念願されていたんです。お代様を通してものが言える、ということが大変嬉しくて、あちらからもこちらからも、大神様が皆寄ってくる。お免除くださっている本部でも、こうして大神様にお話をさせてくれる先生がいないんですね。

だから本部の皆様も、なんとかして、こちらへ来たいという気持ちでおられると思うんです。埼玉県の本庁の、もうお亡くなりになった管長さんは、こちらに来ることをずっと念願しておられたのだということを、高彦王大神様にお聞きしました。管長さんは、「和歌山へ行きたい、行きたい」とおっしゃりながら、九十六歳のお命を全うされたそうです。弘法がその方をこちらへお引きしてあげたい。そして、皆様方にお話しさせてあげたい。そう思います。

機会があるたびに、九月、三月、お水の行にも参ります。そして、このご幣《へい》の先に、痛み止めの術をかけるために参らせていただきますが、そのときは、こうしてものを言えないのです。ただ、お祓《はら》いにお連れさせてもらうだけのことです。

年に一回、こうして皆様方と共にあり、共に時間を過ごすということ。また、今日は念願が叶って、こうしてお祓いさせていただき、皆様方の悪いところへ手をあてさせていただいた、それが大変に喜びと存じます。

皆様方の肩が凝《こ》っている。次に首が凝って、頭へ凝りがくる。頭の中の血管が詰まっているんです。従って、できるだけ下から、肩から腰から、全身をほぐして、柔らかい血管にすること。それから手や足をできるだけ動かしてください。

仕事をしているから動かしているぞ、と思っても、動かしていない筋がまだたくさんあります。だから、できるだけ動かすように。

朝起きたら、あれこれ無茶苦茶に動かしてもいいんです。時間がなければ、テレビを観ながらでもこうして、ぶらん、ぶらんと持ち上げて、できるだけ手を動かすんです。

このお代さんがね、手が上へあがらない、後ろへ回らないとおっしゃった。だから、弘法が今、グルグル回しているわけです。イェーイ、イェーイ。そうしたらこれが、ワーンと動いたでしょ。弘法がよく回らない手を回したのですよ。

弘法の方もやはり、盆の月は忙しいんです。今日は、高彦王大神様にお呼びしていただきました。

高彦王大神様は、「弘法様、どうぞ来てくださって結構です」と言ってくれました。わざわざ呼びに来てくれたんです。

そして私が、皆様方の痛いところをこうやって突っつきました。もう息が絶え絶えという方を、この数珠で「ギューン」「ダーン」と、叩いたんです。それで皆さん、「ホオッ」と目を開いたんです。それで生き返ったんです。

「ああ、これは弘法大師さんに起こしてもらったんだ、起きなくちゃ、治らなくちゃ」と思って、お薬もいただき、真剣に養生をしていただきたいと思います。

世情がいろいろと厳しいことですので、自分たちだけでも美しい、明るい、そして心配のない生活をなさっていただきたい。嬉しい、有り難い、と、こうして抱き合って、お礼を言って、安らかに暮らしていただきたいと思うんです。

明るい家庭には悪い子供さんはできません。明るい家庭には、愛というもの、心というものがあるからです。冷たいところには、どんな草木も、生えも育ちもしないのと同じで、皆様方の家庭は本当に美しい、明るい愛のある、思いやりのある家庭にしていただきたいんです。

そこには、賢い、本当に人を思いやる心のあるお子さんが育っていくと思うんです。今はものがありすぎて、ものがあるだけに、心が貧しくなっていくんです。ものの有り難さがわからないからです。それをわかるようにしてあげるのは、親御さんの愛情であり、明るさであり、真心であろうと思います。

どうぞ皆様方で慈しんで、自分の子は社会の子である、国の子であると思って育てていただきたいと思います。

▶熊野本宮の大鳥居（産経新聞和歌山版　平成十二年五月十二日掲載）

平成十二年七月十五日

「ありがたい」ということ

高野弘法大師にございます。この本宮の、日本一の大きな大鳥居が出来上がって、そのお祝いに、お代《だい》たちがお越しになりました。こちらの大神様方皆を連れて、お出でなされたのです。五百人くらいの方々が鳥居をくぐられるその写真に、お代たちご夫婦がちゃんと写っておりました。弘法が翌月見せてもらったとき、「ああ、やっぱりな」と思ったんです。

というのは、ご夫婦には、天祖大神様方、

高彦王大神様、春日の天児屋根《あめのこやね》の大神様、たくさんの家庭からの大神様方、また皆様方の守護神様、守護霊様がお付き添いなされていらして、後には後光があったのです。

後光は目に見えないけれども、その写真にちゃんと出ていて、「ああ、神に守られている人っていうのは違うもんだ。信仰は有り難いことじゃ。守ってくださる神々のお力っていうものは、このようなものかな」って思ったんです。

皆様方がいつもお参りなさっておられるときには、一人でいるわけじゃないんですよ。皆様の後ろには、道筋に祀《まつ》ってある氏神様方、辻々に祀られているお地蔵様に至るまで一緒にいらしていて、皆一緒に、一生懸命にお礼申し上げ、お願い申し上げていればこそ、大神様は皆様方を守ってくれるのです。

去年の十二月二十日、春日の宮司さんとお会いして、二時間みっちりとお話ししました。高彦王大神様と、天児屋根《あめのこやね》大神様と、四年ほど前からお約束していたんです。できるだけ早くということでしたけど、お代さんの体のこともありましたし、それで、やっと去年の十二月にその宮司さんに初めてお目通りさせていただきました。

天児屋根大神様がこの代にお下りして、宮司さんを抱えるようにして、「よく勤めてくれるよ、ありがとう」という言葉を、それを一言いいたいためにわざわざ代に行ってもらったのでした。

宮司さんもちゃんと手を握って、「ありがとうございます」という言葉を申し上げてくれました。本当に、長い間会えなかった親御さんと出会ったように、抱き合って喜ばれていました。その姿を見て、いかに言葉というものが大事かと思ったんです。

その宮司さんは、「見えないものの力」「心」などをテーマにした本を、三冊著しておられます。お医者さんを長らく務めて、それから宮司さんになった人だから、七十歳を越している。耳は少々遠くなったが、人を導こう、人に神があるということを知らせたいと一生懸命になって、その本を著したんです（現在は、「にほんよいくに」の絵本三冊はじめ、合計十四冊出版され、私たち一同愛読しております――編者）。

その本をお読みになれば、

「本当に神というものがあるんだなあ。自分たちの心の持ち方によって、その神としっかり手を握って守護してもらえる、神の心をみんな自分の心に映してもらえるんだな」

「神というものは遠い空にあるんじゃなく、自分たちの心のなかに、体のなかに神々があって、それが守ってくれておるんだな」

ということが、はっきりとわかると思いますよ。

皆様方がお願い申し上げるときには、ちゃんと胸の前に手を合わせ、「胸の中に神がおられるんだ」ということを感じて、深く念じて、「お願いします」と真心から申し上げていただく。

そして「神がちゃんと受けてくださる。受けてくださっているんだ」ということを信じるんです。信じないでただ思うだけでは、これは、「よさよさ」（いいかげん）という言葉がありますけど、「よさよさ」の願いは何もならない。

「本当に自分と神が一体や」「本当に心が一致しているんだ」「神ばかりでなく、ご先祖さん、愛しい子供、親御さんも自分たちを守ってくださるんだ」と感じてお願い申し上げる。また、守るお力をいただけるように、神々様のお導きをいただけるように、一生懸命に追善供養というものをしてあげる。それが一番の親孝行なんです。

ご先祖さんがいつも願っているのは、自分たちができるだけ早く、霊界の良いところへ行って、一生懸命に修業して、孫子の末まで守ってあげたい、なにかあったら付いていてあげたい、ということです。

そういう思いをもって、皆様方の後ろをついて回ってはおるんですけれども、守る力がついてこないことにはなんにもならんから、皆さんのほうからも、力をつけてもらうために追善供養をし、「毎日、どうぞ霊界において、良きところでお過ごしいただけますように」と言葉をかけていただきたいのです。

心が通じ合うということは、一番嬉しいことなんですね。なんでこんなことを今さら申し上げるかというと、さきほど、こちらのご主人が、一生懸命にそのお話をしてくださいましたからね。やっぱり日本という国は、本当に神の国である、ということを念頭に置いて、一生懸命のお話でした。しかし、世の中が段々と、なににおいてもありがたさを忘れてきたんです。

あの戦時中のように、なにもものが無いようなときは、おまんじゅう一つであっても、「人数分に分けて、食べなさいよ」って配ってから食べる。それが本当に嬉しかった、美味しかった。

ところが、あふれるほどものがあると、誰かからものをもらっても嬉しくない。自分の家にもあるから「ありがたい」とは思わない。食品を冷蔵庫に入れたまま忘れてしまって、腐らせてしまうような時代です。これは悲しいことです。

低級霊と高級霊

子供が、罪や咎《とが》のない人をブスッと刺す。そのとき、悪魔が憑《つ》いていたんだ、というようなことを言う人もあるけれども、(原因の一つに)「ありがたい」っていうこと、感謝する心、これが少なくなってきたことがあると思う。この世の中の荒《すさ》みの原因だと思うんです。

もうちょっとありがたさということを感じ、また、神というもの、仏というものをよく考えていただいて、自分の愛し子を導いてあげる。愛するときは本当に抱きかかえて、一緒に泣いてあげる、このお母さんの愛情というものが大事なんです。愛を与えずに、留守番するのにも、「お小遣いあげるから」と言って放っておいて、自分はさっさと働きに行く、というような風潮がある。

そうした子供たちは、親との交流が少なくなってしまう。できるだけ親子の間が親密になり、心が通じ合うことが、一番大事だと思います。

それと、次になにが大事かというと、皆様方が仏さんを供養してあげること。何故なら、供養してもらえない仏がウヨウヨしているからです。あちらへいけない人はね、この世が荒んでくるほど、早くあちらへ上がりたいと思う。上がりたいけど、自分一人で修業しても、もう道が開けないから行けない。そうした仏さんは、気の毒で申し訳ないけど、低級霊というのになってしまうんです。

高級霊は、それこそ天の大神さんとか、いろいろ修業を積んだ仏さんです。低級霊は、下でもやもやとしていて、何年経っても上へ行けない仏さんです。それが人に取り憑くんです。そして、助けてほしい、助けてほしいと言う。憑かれた方は無茶苦茶なことしたりね、足が立たなくなったり、ものが言えなくなったり、オシッコも行けなくなったりして、苦労する。

低級霊はこちらへお出でて、神さんのところへ行かせていただいて、三ヶ月くらい修業して、やっとあの世へ行ける。

死んだら皆あの世へ行くんですけども、地獄のちょっと上くらいのところにしか行けなかった仏さんもあるんです。何故かというと、生きているときにせっかく人を助けるという道に入っているのに、欲心が出てね。欲ばかりで、道に迷ってしまって、ちゃんと行くべきあの世へ行けない。地獄の近くでふらふら迷っているそうした低級霊が、助けてほしくてこの世に住んでいる方に取り憑く。憑依《ひょうい》するんです。低級霊にだけは取り憑かれないようにしていただきたいと思います。

皆様方の先祖さんでも、因縁があってあの世へ行けていない人もいるし、いろいろあるんですね。だから、自分たちで修業し、信仰して、一つでも自分の心を修めて、魂の清まったお人になっていただきたい。せっかくいただいた命だから、末永くお元気で過ごしてほしいと思います。

弘法は諸国巡拝したり、人を助けたり、人の心を導くためにいろいろ尽くしてきました。それでなお、こうしてお人に下ってものを言えるということは、本当にありがたいと思うんです。

第二一章　不思議なお話

この章でお話しするのは、これまで私が体験したり人を通して聞いたりした、とても不思議なお話の数々です。

私のもとには、難病や因縁を抱えて苦しんでいる人たちがたくさんお見えになります。私は、大神様にお願いして、そうした人たちに、どうすれば病気が治るか、因縁が断ち切れるのかを教えていただきました。大神様が私の口を通して語られるとき、私は大神様にすべてをゆだねております。お電話で答えをさしあげたことも多く、いつも大神様と一心同体であり、日々のできごとは大神様のご意志をそのままにお伝えいたしております。

ただ、御仏様がお下りし、お話しされたことについては、私の意識がなくなっていることがあるので、あとからまわりの者に内容を聞くこともあります。

そのことをあらかじめ知っておいていただいた上で、以下のお話を読んでいただければと思います。

1　高彦王大神様ご降臨のこと

昭和二十五年二月、実家のほうへ帰ったときのこと。夜十一時ごろ、お参りになった方々が帰られて、蒲団を敷こうとしているときに、とつぜん神様がお下りなさったのです。

急に自分の体が宙に浮き、足が浮いたままで、「地上が穢れている、塩を持て！」とのお言葉。母が驚き慌てて、炊事場から塩を持ってきてそこらを清めましたら、やっと部屋に落ち着かれて、「人類に愛を授けた天の神、高彦と申す。代《だい》を探して三年間、やっとこの者を見つけた。神の代として差し出してほしい」との仰せでした。

母は「神様に使っていただくのでしたら、大変ありがたいことでございます」とお答え致したそうです。

大神様は「その言葉を忘れるな」と一言告げられ、「天に立ち帰る」とおっしゃって、天井まで飛び上がり、屋根を抜けられました。そのとき私は、天井の板で頭を打って落ちて来たのだそうです。気がつくと、両親が一生懸命に体をさすってくれていました。心臓がどきどきして、息もしにくく、ハアハアいって声も出ませんでした。

いきさつを聞き、天の大神様のお代なんかとても怖くて務められないと思ったことでしたが、後で再び大神様がお下りくださって、「すまなかったね。初めてであったので言葉もわからず、乱暴なことをしてしまった」と、泣かんばかりのお言葉をいただいて、本当に愛を授けたといわれる神様なのだと心から感服し、嬉しくありがたく思ったのでした。

あれから長い年月が経ち、ちかごろでは高彦大神様は本当にお人の言葉をそっくりお使いのようで、「人か神か分からんようになりました」と仰せになります。本当に愛を授けられた大神様だと思われることです。

皆々様のことも心からよくお気をつけてくださいますので、いろいろと甘えてお願いごとばかりしています。お許しいただいて、今後ともによろしくと、重ねてお願い申し上げたいと思っております。

2 白龍様の話

子供のころ、氏神様の下を左手に見て、かなり上ったところに池がありました。そこから下りたところに大きな岩があり、その岩には大きな蛇が住んでいて、寝小便を止めてくれると言い伝えがありました。小学校へ行くようになっても止まらない人は、棕櫚《しゅろ》の葉や、わらのほうで（稲わらを上下で結び、舟のようにした入れもの）を作って、卵を十個ほど入れて岩の下に置くのです。その様子を、通りがかりに見ることもありました。

その大岩を、人に頼んで発破《はっぱ》（火薬）をかけて割り、石垣に使用したのだそうです。ところが、割った人がそれから病んで、医者に診せても病名がわからず、三日目に亡くなってしまいました。体は見上げるほど大きい人で、大きすぎてお嫁さんに来る人がなかったとかで、一人で暮らしていたのを覚えております。

その後何年か経って、岩の近くにあった田を寄進なさって、お社を建てて白龍大神としてお祀りすることになりました。私の父も皆様とともに山へ石を探しに行って、形の良い石を見つけて白龍様としてお祀りしました。

お祀りのあと、お水を汲んでお供えしていたのですが、それを痛いところにつけると痛みが止まるのです。歯の痛いとき、手を切ったときなど、痛みを止めてくださり、血もすぐ止まりました。それで、お参りするときには、水の入った瓶を持って行って神様にお供えし、それを持って帰って来るようになったのです。

以前は一、二本持って帰ってくるのがやっとでしたが、新しい神殿ができ、休憩所までつくられ、お世話する人（神主さん）もできて、行き帰りも楽になり、お餅まきをして賑わうようになりました。これも白龍様の御力だと思われます。

皆様のご信仰から、白龍様も塩屋の神殿に来てくださるようになり、三月と九月の十五日には、こちらで行をしてくださるようになりました。初め、お供えされる瓶の数は三十本だったのが、五十本になり、八十本になり、百本、二百本とだんだん増え続け、今は五百本が神前に並べられています。

家の神様をはじめ、他から多くの神様がご参集くださり、お参りの人たちがお心経を上げる間に、一本一本お祓いをしてくださるのです。（今も多くの神々様、弘法大師様もおいで下さいます。平成十六年九月十五日には、天の大神天御中主大神《あめのみなかぬし》様のお払いも賜り、一同感激いたしました）

その日のうちに皆様がいただいて帰られるので、瓶はすぐになくなります。

昔につくっていただいたお水を一本だけ残してあります。主人（平成二年に亡くなりました）が瓶に張り紙をしてあり、それには昭和五十七年三月十五日と書いてあります。

先日、遠くからお参りしてくださった方が、この五十七年のお水をいただきたいと言って召し上がって、「美味しい、美味しい」と言っておられたので、こちらが驚きました。つくっていただいてから何年も経っているのに、たった今汲んだ水とまったく同じで、水垢のようなものは一つもなく、すいすいしてきれいなお水だったのです。

以前、白龍様の神主を務めていた方が生存されていたころのこと、私が来ていることを知って、神主さんがお参りに来られたことがありました。神様のお祀りをしている部屋で白龍様がお下りになり、「すいませんが紙と書くものを借りてください」と申されます。「下手ですけれど、思いつきのままです」と言われ、次の歌をすらすらと紙に書いて下さいました。

今、白龍作として額に入れて神前に上げ、手を洗う傍らの石に刻んで置かれています。

世にいでし喜びに湧きて
萬人の苦しみ流す
白龍の水

よく御心の現れた歌だと感激しています。お祭りしている土地では、それからずっと四月の最初の日曜日を祭日として、投餅などで賑わっています。こちらからも欠かすことなく、車でお参りしております。

3　玉置山参拝のこと

奈良県十津川村の玉置山へは、これまで幾度か登りました。そのたびに不思議なことがありましたので、書いてみたいと思います。

三泊ほど玉置山に宿泊して、行をさせていただいたときのことでした。

神社の世話人である、知人のお父さんのご厚意で、夜中にご神前に参拝していたのですが、突然、「ドーン」という大音響が屋根のほうから起こりました。大きな石が落ちてきたと思い、皆逃げようと慌てたのですが、それは突然の国常立尊《くにのとこたちのみこと》大神のご降臨であったのです。

その夜、私は神様に、夢の中で宝物殿を見せていただきました。

そして翌日、神社の方から「年一回だけ宝物殿を開けて見せるのですが、今日は特別に見せてあげましょう」とのご厚意をいただき、案内されていきました。倉に入ると戸棚があり、「ここに神主さんがお乗りになるお輿《こし》が入っていますね」と、夢の中で見たことをそのままに口に出すと、実際にそれが現れたのです。

二階で長持の蓋《ふた》を取り、巻き物を見せてくださるときには、「それは鍾馗《しょうき》様ですね。正面、左、右を向いたお姿で、真ん中を向いた鍾馗様は松の枝を持っておられます。左を向いたお姿には竹、右のお姿には梅の枝をそれぞれお持ちで…」

確かに、三本の掛け軸はその通りでありました。神社の方が、「どうしてそれがわかるのですか」と尋ねられるので、「実は昨夜、夢の中で神様に見せていただきました」と申しますと、大変びっくりされ、実際に見せていただいた私自身も驚くばかりでした。もう四十年以上も前のことです。

次に思い出すのは、秋祭りに本宮の敷地さんたちと大勢でお参りしたときのことです。祭典が終わりましてから、国常立尊大神が私にお下りなさいまして、宮司さんに、「近《ちこ》うまいれ」と仰せられ、「いつも良く仕えてくれてありがとう。体に気をつけるように」と、労《ねぎら》いのお言葉をくださいました。

そのときには宮司さんも神妙に頭を下げ、「はあ」と聞いておられたそうです。しかし、宮司さんには、とても信じられなかったことでしょう。

「うちの神様はどなたにもお下りなさらない神様で、私にも下ってくださらないのに、あのように他の人に下るはずがない。あの人の住む近くに祀ってあるお稲荷さんでも下ったのだろう」

と、素直に受け止められないことを周りの方々に言ったそうです。

ところが、私達が帰ったあと、新宮に住んでいた知人がお参りすると、大変な騒ぎになっていたのです。

宮司さんが突然激しい腹痛で、お山から担架に乗せられて運ばれておりました。現在では頂上まで車で行くことができますが、当時は、標高一〇〇〇メートルに鎮座する玉置神社へ参拝するには、麓《ふもと》から片道三時間の道のりを歩いて登る以外に方法がなかったのです。「せっかく、国常立大神様がお言葉をくださったのに、信じることなく不敬なことを言ったからだ。神様のお知らせだろう」と、人々が話をしていたそうです。

平成六年六月には、本宮の方々と一緒に車で頂上近くまで行くことができて、夢のようでした。久し振りのお山は樹も鳥も生き物たちも喜んで迎えてくれて、小雨の山道を走る車の行く手に霧が広がるたびに、「フウー、フウー」と勝手に口から息吹が出て、不思議と霧が晴れていくのでした。

昔神武天皇を案内したという、伝説の三本足のカラスも現れたりしました。車を降りてからの山道は、大きな木の根もあるからとお使いさん（三吉さん）がついてくれて、少女のような軽い足取りで、手摺《てすり》のない石段も知らぬ間に上るほど。雨のご本殿前にて一同揃ってお心経をお上げしました。

その場にての国常立尊大神様は、「よく来てくれた、嬉しい」と、涙ながらのお言葉でありました。帰りは自分の目でお山を見て一歩一歩歩き、梢《こずえ》のウグイスに向かって、「いつもの声は聞くけれど、谷わたりを聞きたいよ」と申しますと、注文承りましたとばかりに、「ケキョケキョケキョ」と長い鳴き音で答えてくれて、皆様と感激したことでした。

その後は、家の者が二回玉置山へ参りました。平成十二年のときは、「塩屋へ何回か行ったことがありますよ」と、宮司さんがおっしゃったそうです。確かにお出でになっていたことを思い出し、懐かしいことでした。

4　現れた鳳凰《ほうおう》様

新しい神殿を建築中のときのことです。ほぼ完成に近づき、「大神様をお祀りする祭壇ができ上がりました」と、宮大工さんがご挨拶に来てくださいました。その日で作業が終わると聞いておりましたので、お昼ごろ、ご祝儀を持ってお礼に神殿に上がりました。

その日の夕方です。何気なく神殿の窓から北側にある新神殿を眺めますと、西側のブロック塀の上に、見たこともない美しい鳥がじっと止まっておりました。嬉しそうに神殿を見ているようにも感じて、「あなたはどこから来ましたか。私たちと一緒に喜んでくれるために、来てくれたの？」と、そっと声をかけても、静かに止まっているままです。あまりに不思議な神々しさに、写真をとっておいたら、と居合わせた一同考えました。

「きっと鳳凰かもしれない」とも話しました。しばらくはそのままでしたが、カメラを向けた瞬間、その鳥はさっと飛び立って姿が消えました。その年の「あき」の方角へ飛んでいったのです。姿はキジのようでしたが、尾が長く、羽の色は黒っぽい中にも玉虫色の美しい何色もの光り方をしておりました。

私は心の中で、あれは鳳凰に違いないという確信のようなものがありました。古代中国で、聖天子出生の瑞兆《ずいちょう》として現れる、想像上の霊鳥といわれているその鳥は、四人の眼にしっかりと印象を残して去ったのでした。

その夜、大神様から「不思議を見せてあげたよ」とのお言葉を賜りました。今思えば、一万円札の裏にある鳥に似ていたようにも思えます。が、もっとスリムで美しい鳥でした。これまで何年も神殿におりましたが、一度も見たことがありません。それ以後も見ることがなく、本当に不思議な、ありがたいできごとでした。

5　四国巡礼の思い出

第十九番、立江寺に宿泊したときのことです。

朝食前に、寺の風景などをカメラにおさめようと、あちらこちら写してまわっておりました。すると、男の人の声で「おおい、ちょっと来い」と呼ぶ声が聞こえました。誰かがお連れを呼んでいて、私を呼んでいるのではないだろうと思ったのですが、なんとなく声のする方へ歩いて行きました。

そうしたら、ずらりと十何体かのお地蔵様が立ち並んでおりまして、「口がふさがれて息がしにくいし、帽子が目の前に下がっていて前も見えにくく、大変困っているので直してはくれぬか」

と、こうおっしゃるのです。

見れば、お地蔵様のヨダレ掛けが、あとからあとから首にかけられてうず高く重ねられ、口の上、鼻のところまでが覆われています。鼻から頬にかけては、お気の毒に横に紐の筋までくっきりとついています。帽子はというと、同じく重ね重ねて、ついにお目までもかくしていました。巡礼の人々は、石の地蔵様は息もしておらず、目も見えないだろうと思って、無造作にかけていったのでしょう。

「お地蔵様、申し訳ありませんが出発の時間もありますので、充分な直し方はできませんがお許しください」と、つけ直してあげる間もなく、私は次々と急いでヨダレ掛けを引きおろしていきました。帽子もなんとか元に直しました。

地蔵様は、「ああ、これでさっぱりした。お礼に今日は急斜面の坂道があって大変だから、脚に付いてあげよう」とおっしゃいました。

二十番さんへの道は、お言葉どおり大変な道でした。最初は私も、脚の悪い人を気遣って、「一緒に参りましょう」と一番後から歩いていたのですが、急に足がせわしく動き出して、止めようもなくなったのです。

仕方なく、「どうにも止まらないので、先に行きます。ごめんなさい」と言うが早いか、すごいスピードで、走るより先に立木が後へ飛ぶような感じで、険しい山道を一気に登ることができたのでした。

先に歩いていた知人の近くまで着きますと、知人は振り返って私を見るなり、「たった今、『先生、まだあんなに下の方にいらっしゃるわ』と言ったばかりなのに、ここにおられるのはどうして？　なぜこんなに早いのですか」と、びっくりしておりました。立江寺のお地蔵様のことは、今でも忘れられない思い出の一つです。

6　受勲のこと

この数日、ありがたかったこと、不思議であったこと、いろいろと思い出しつつ書いております。

昨夕のこと、夕食の箸を取ろうとすると、急に手が震えて止まりません。

「どちらの神様でしょうか。なにかご用がおありでしたら、おっしゃってください」

と手を合わせますと、

「わしだよ。わしのことも書いてほしいよ」

「一体なにを？」

「受勲のことだよ」

亡き主人（警察勤務）でありました。

そうそう、忘れていました。人生最良の日のことを…。

ということで、一筆書いておきたく存じます。

毎年一月十五日に年頭祭が盛大に執り行われましてから、十七日ごろには、京都の三社参りをするのが慣わしとなり（平成七年の阪神淡路大震災以後より止んでおります）、三十年以上も欠かさずに続けておりました。

昭和四十九年のこと、例年にならって、香里園の成田不動明王様、岩清水八幡宮、伏見の山の一の峯と、一日がかりで参拝をしました。行く先々でおみくじをいただき、それが全部、不思議なことに大吉ばかりです。近くのえびす様のものも合わせて、四枚とも「長年の苦労の実が入って最高の年になる」と言った意味のことが記されていました。

不思議に思いながら、十日間えびす様の福笹に付けて、下げておきました。それから幾日が過ぎたある日のこと、警察からお知らせがありました。県で二人勲章をいただけることになりましたので、行く用意をしておくようにとのお話です。思ってもみなかったことだと、主人が驚いた顔をして言葉も出ないようでした。四月になってから、東京の皇居においてお渡しするとのお知らせを受け、二人で行かせていただいたのです。

天皇陛下が私たちの二尺ほど近くまでおいでくださり、「長らくの間、ご苦労様でした」とのお言葉に、感激のあまり涙が出ました。

今、当時の記録を出して見ましたら、昭和四十九年四月二十九日となっていました。春秋の間でのことでした。このことは、生涯忘れられないことでございます。

7　声が出なくなった六歳の女の子

突然ものが言えなくなったと、お祖母さんと母親に連れられた、六歳になる女の子がお参りに来ました。こちらからいろいろと話をしても、なにも答えず首を振るだけです。

大神様の前にお連れしてお尋ねしましたところ、女の子の父親が山へ木を切りに行き、高い岩の上から小便をしたところが悪く、その下は山の神様をお祀りしていたところだったのだそうです。

「山の神様のお体を汚したことでお怒りに触れて、女の子の声が出なくなったのです」と、大神様はおっしゃいました。そして、「一週間、こちらへお詫びにお参りをしなさい」とのお言葉に、それから毎日お母さんとお祖母《ばあ》さんに連れられてお参りしておりました。

三日目の夜に、突然玩具の電話に向かって「もしもしお兄ちゃんですか」と元気な声で話しかけ、皆びっくりして喜んで、その子の前に飛んで来ました。しかし話したのはその一声だけで、後はなにも申しません。大神様の「ちゃんとお詫びできたら、話ができるようになりますよ」とのお知らせだったのでしょう。「あと四日辛抱してお参りなさったら、お話ができるようになりますよ」と、お励ましくださったのです。

「明日もお参りしますので、よろしくお願いします」とその夜は皆さん帰られたのでした。

そして、とうとうやって来た満願の日は、私もなにかしらそわそわしながら待っておりました。お祖母さん、お母さんと本人と三人連れで来られ、大神様の前に女の子を挟んで座ります。

「山の神様からお許しが出ましたから、声が出るようになりましたよ。なにか話してごらん」

するとと女の子は、

「神さま、ありがとう。……おかあさん」

と言って、膝にすがりついて嬉し泣きに泣いたのでした。皆さん一緒に泣いておりました。本当にもったいなくも嬉しい思い出の一つです。

8 水も喉《のど》を通らなくなった女性

先に書いた、声の出なかった女の子の隣の家に住んでいる、母子二人暮らしの男の人が、女の子の声が出るようになった話を聞いて、

「どうか助けてください」

とお参りされました。母親が、一週間前から食べものも水も喉を通らず、口に入れてもすぐに吐き出してしまうというのです。二人の医者に来てもらっても、どこも悪くないと首をひねって、帰ってしまったということでした。

調べてみなければわからないからと言うと、早速調べにおいでになりました。しばらくして、お下りしたのは大神様ではありませんでした。何者かわかりませんが、畳の上に水、

水と何度も書くので、お水を渡してあげたのです。しかし、その水を口から全部だらだらと吐き出して、まったく喉を通りませんでした。その様子を見た息子さんが、「あっ、こんなんです。母にそっくりです」と叫んだのです。

大神様がお調べくださって、わけをお話しくださいました。

彼の家は鶏を飼っていたのですが、ある日、鶏小屋の中に入っていた蛇を棒で追い出そうとしていると、隣のおじさんがやって来て、「わしが追い出してやる」と、棒で蛇をパーンと叩いたのです。

蛇は、飲み込んでいた卵を口からジャーッと吐き出して逃げていきましたが、その四、五日後から彼の母親は、ものを食べられなくなり、水も飲めなくなったのです。

水、水と書いたのは、その蛇だったのでしょう。哀れなことです。

「蛇さん、お水も飲めんと苦しんでいたから、傷が早く治るようにお九字をしてあげました。お母さんもあと三、四日すればよくなってくるから、辛抱して待ってください」との大神様のお言葉でありました。

その後三日間は、お茶やお水で過ごし、通りのよい素麺《そうめん》からだんだん、お粥《かゆ》、ご飯と、他のものも食べられるようになり、すっかり元気になられたそうで、お礼のことづけがありました。

9　三年の間、寒くて起きられなかった女の人の話

夏でもコタツを入れて寝ていて、日に五、六回も、次の間との帯戸《おびど》がガタガタ音を立てるほどに震えるという七十五歳の女の人を、その息子さんから、ぜひ神様に見ていただきたいと頼まれました。

汗ばむほどの暑い日、バスを降り日傘をさしていった道々は、麦刈りをしておる時候でした。

案内されて部屋に入ると、そんなに暑い日なのにもかかわらず、本人はコタツを入れて、蒲団を二枚かけ、頭の方へ綿入れの羽織をかけて休んでいました。声をかけると、布団から顔だけを出して、「すみません、寒くて起きられないので」と、震えているのです。

大神様が、「寒い原因をよく調べてみます」とおっしゃってくださいました。

「三年前の寒い日、凍った谷の端を通ったことがあるでしょう。その谷の中に落ちて死んだ狐の霊が、そなたについて来て、寒い寒いと震えているのです。狐の霊を取りのぞけば、寒くなくなります。狐の霊も喜んで浮かばれることでしょう」と、すぐに処置をしてくだ

さったのです。

その夜から、起き上がっても寒くないようになり、四、五日は日向ぼっこをして休んでおりましたが、田植えのころには孫をおぶって、ご飯炊きもしてくれましたと、息子さんが大層喜んでお礼参りにいらっしゃったのでした。

「こちらを知らなかったら、いまでも苦労していたことでしょうね」とのお話に、私も泣けてきました。

後に、お盆の日、震えていた本人が、「姉のところに行こうと思って、こちらまでお寄りさせていただきました」と、私どものところに来られました。元気に山を歩いて来られて、本当に驚いたことです。

10　肝がえりの話

近くに龍王様をお祀りしている山がありました。ある男の人がその龍王様の山の木を切り、炭を焼いたのです。炭を持ち出す日に、山から炭を背負って下りてくると、道端に蛇が丸くなって寝ていました。二月ごろのことで、この寒いのに蛇がいるとは、と驚きながら帰ったそうです。

次に山へ入るときに、蛇はまだいるだろうかと思って見ると、前よりももっと大きくなっておりました。回数を重ねて五回目のときは、とても大きくなってとぐろを巻き首をもたげており、大層驚いて肝がえりをしてしまい、そこらに炭を放り出して家に飛んで帰りました。

そのまま家の者に声も掛けずに、蒲団を被《かぶ》って寝たまま、三日目に亡くなってしまいました。龍王様のご神木を切ったために、お怒りに触れたのだということです。

11 蛇に憑かれた女性

お嫁に行った先でおかしくなり、三ヶ月で実家に帰された娘さんがありました。嫁入り支度に持っていった着物を田んぼの中に放り込み、ぐしゃぐしゃと踏んだり、田んぼのタニシを取って石で叩いてつぶして食べて、「また、タニシを食べてるぞ」と石を投げられたり、池にあるカエルの卵のズルズルを両手ですくって、食べたりしていました。雪が降ると、裸になって川に飛び込むこともありました。

娘は、夜になると家を出て、朝になると帰って床に入るという毎日で、父親が不思議に思ってその足跡を辿って行くと、足跡は裏から出て山に続き、行き着いたところに、木の枝を三尺に折ったものがたくさん散らかっていました。

よく見ると、五段ほどが井桁《いげた》（井の文字に組んだ木の枠）になって残っていました。娘は、毎夜ここに来て井桁を積み上げては、朝になるとそれを崩して帰るという行をしていることがわかったのです。

娘は、一言もものを言わなくなっていました。蛇の行に使われていて、蛇の霊が深く魂の中に入り込んでいるので、その霊を取りのぞくと当人も死んでしまう。ですから蛇の霊を取りのぞくことはできません、と大神様が言われました。そのままにして見守るしかありません。

近くのある旅館のご主人の姪御さんの、山であったお話です。

12　お不動様の社の近くでお産をしたために、死んだ女性

熊野詣の道近くに祀《まつ》られていたお不動様は、大層な力のお不動様で、山の下におられるのはもったいないからと、山の上のほうへお移しして祀っておりました。

その近くの家に子供が生まれることになりましたが、「ここはお不動様をお祀りしているところだから、実家で産むように」という母親の言葉を無視し、娘は「ここで産みます」

と言い張って、とうとう男の子が産まれました。

すると出産後三日目に、その娘は井戸で蛇の姿を見たそうです。

産後一週間ぐらい経って、便所へ行ってから寝床に入ったとき、足にグニャッとしたものが触れて、赤ちゃんを踏んだかと慌ててよく見ると、それは蛇だったのです。びっくりして気絶し、そのまま病院に行くことになってしまいました。

田辺まで戸板に乗せて運び、お医者さまに診てもらうと、すでに治療のしようがないと言われてしまい、家で迎えた母親が、「仕方がないから気長に養生しようね」と申しますと、「はい」と一言返事をしたようでしたが、そのあと息が絶えたということです。

生まれた赤ん坊は、同じように男の子を産んだ従姉が、自分の子と一緒に育てたと聞きました。

死んだ娘が妊娠七ヶ月のとき、井戸のポンプの周りに大きな蛇が巻きついていたのだということで、きっとお不動様のお使いの蛇が、「ここで出産してはいけないよ」と知らせに来ていたのかもしれません。

13　昼も夜も泣き止まない赤ちゃん

生後七ヶ月だというのに、まだ三ヶ月くらいにしか見えない赤ちゃんを抱いた人が、お参りにいらっしゃいました。赤ちゃんのお尻が真っ赤にただれて赤むけになっていて、夜中にひどく泣くので抱いているとおっしゃいます。

なんでも、働きに出ているご主人が寝られるように、夜中に赤ちゃんを抱いて家の外であやしてまわっていたというのです。見れば、お尻から足の踵《かかと》にかけて真っ赤にただれています。おしっこをしてオムツが濡れると、ただれた部分に沁みるので、痛がって眠らないのです。

お医者に見せたところ、原因はお母さんかもしれないと、母親もいろいろな薬を飲むように言われ投薬され、注射もしてみたのだそうですが、まったく効き目がなく、赤ちゃんはいっこうに泣き止まないのです。

早速大神様にお伺いしますと、なんと、お不動様を汚していたことがわかりました。出産の手伝いに来ていたご主人のお姉さんが、産後の汚水を、穴を掘った畑へ埋めるために桶に入れて、かついで運ぶ途中、足を滑らせてしまったのです。汚水は道へ流れてしまい、急いでお水を流して塩で浄めましたが、運悪くそこにお不動様が通りかかり、汚水がお体にかかって、汚してしまっていたのです。

不浄を嫌うお不動様のこと、それから数日後には、生まれた赤ちゃんのお尻がただれはじめ、夜泣きが続いて、七ヶ月にもなっていたのです。行商の人から「今ちょうどお出ているから、一度行って見てもらいなさい」と教えられて、すがる思いで私のところへお参りされたのでした。

すぐお不動様にお詫びをして、三日目には、だんだんお尻の色があせてきました。十日ほどすると、そこに薄い皮ができ、オムツの上に真っ白い粉がいっぱい落ちて治っておりました。

あのままなにも知らずにお詫びもできなかったら、いったい赤ん坊はどうなっていたことでしょうと、何度も感謝をされたことでした。

14　龍神にいるときのこと

龍神に住んでいたとき、暮れの二十八日、夜九時ごろのことでした。「電報です」と言う声に驚いて戸を開けました。大阪の親戚からで、生まれて七ヶ月の男の子が、急に具合が悪くなって危篤との知らせです。

声が出ないほど驚いてボーッとしてしまいましたが、明日朝早く家を出なければと、慌てて支度をしました。年末のことで、蒲団を洗って片付けるのは明日にしよう、と思っていたのですが、それらもすぐ片付けて、床に就く間もなく朝となり、朝すぐに出掛けました。

今でもそうですが、龍神というところは山の中の大変に不便なところで、大阪の病院に着くまで時間がかかり、気が気ではありませんでした。

ようやくのことで病院に着き、部屋に入ると、皆がワーッと泣き出します。間に合わなかったのかと思い問いただすと、「まだ息だけはしているのだけれど、時間の問題と医者に言われた」と言うのです。

寝台の傍に立ちつくし、言葉も出ませんでした。すぐに大神様がお下りくださって、お九字を切り（切り方は口絵ページ参照）数珠でなでて命結びをしてくださいました。「この数珠には絶対触らないように」とおっしゃって、その子の着物の間に入れてくださったのです。

それから三日間は傍につきっきりで、大神様はその子のあちこちをなでて、守ってくださいました。そうして四日目の朝、眠ったままだった子が目を開けて、両手で数珠を取り、口に入れてカチカチカチカチと五回噛んだのだそうです。大神様が、「これで命が助かりました。だんだん良くなりますよ」とおっしゃってくださったそうですが、私が我に返って気がついて顔を見たときには、白眼をむいてしまっていたので、慌ててお医者さまの部屋へ飛んで行きました。

お医者様は「あかんか！」と、走って部屋へ来てくださり、後から看護婦さんが聴診器を持って来てくださいました。聴診器をあちこちに当てながら、独り言のように「不思議だなあ」と言われるので、心配のあまりに「もう駄目でしょうか」と、私もつい口を出しました。

しかしお医者様は、「いいや、心臓の音がしっかりしている。助かるかもしれんぞ」と言われたのです。

なんとその日からだんだんと良くなって、四日目には母乳に口をつけたりするようになり、みるまに元気になって、隣の部屋の人が「この間から悪かったお子さんとは思えないなあ」と、おっしゃるほどになりました。それから毎日毎日、目に見えて元気になって、私も安心して、すっかり明るい気持ちになって、京都の伏見稲荷様にお参りまでして帰ってきたのでした。

その子は、良くなってから毎夜のように、床に入ると、母親にそのときの話をしてほしいとせがんでくるので、毎日話して聞かせたということです。ずいぶん昔の話ですが、思い出すたびに、大神様のお力の偉大さに深く感謝の念がこみあげてきます。

当人は今、高校の熱血教師として、子供たちから大変に親しまれ、血の通った指導に心血を注いでおります。

15　お盆、十四日のこと

本宮にいるとき、向かいのお米屋さんの奥さんが朝早く来られて、

「主人が腹が痛いと苦しんでおるのですが、お盆でお医者が休みで困っています」

と、手を合わすように言うので、慌てて顔だけ洗って付いて行きました。

入っていくとご主人が「うん、うん」とうなっているので、これほど痛がっているのに、痛みを止められるかしらんと心配になりましたが、傍に寄って、まずお家の御仏さまに心からお祈りを捧げながら、ご主人のお腹に手を当てました。

そうしたら、あっと思う間もなく、ご主人がヒョッとうなり声を止めて、「すみませんでした。痛みが止まりました」と言うので、奥さんも私も狐につままれたような気持ちで、声も出ませんでした。

しばらく時間が経っても、ご主人は痛いとも言わないし、どうしようと困っていたら、「あんなに苦しかったのに不思議だ、不思議だ」と奥さんがなんべんも申します。結局本人が、「もう帰っても大丈夫です」と言われたので、帰って来たのでした。お盆十四日早朝の、不思議な出来事の一つです。

しかもその日は、次々と同じようなことが起こりました。今思いますと、お盆に帰ってくる仏さんから、信仰心のないことを諌《いさ》められていたのではないかと感じます。神、仏をきちんとお祈りせよ、との導きであったことでありましょう。信仰の篤《あつ》い奥さんではなく、ご主人だけが腹痛になったことで、そのように思われるのです。

16　眼にガンができた男の子

ある日のこと、昼食のあとに、六、七歳の男の子を連れてお参りしたお母さんがいました。そのお母さんはまだ若い方でしたが、なんとなく元気がありませんし、話をしにくい様子でした。子供は元気に走り回って、二階から降りたり登ったりしております。傍に子供がいなくなったときやっと、ぽつぽつと話をしだしました。

聞くと、男の子は、眼の中にガンができる病気で、近々手術をして両方の目の玉を取ってしまうのだとか。あまりのことに驚いて、なぐさめの言葉も出ませんでした。「両目を取ってしまったら、あの子はどうなるのでしょう」と泣き出す若いお母さんの心を思いやって、なんとか大神様におすがりできぬものかと、一心にお祈りいたしました。

大神様も共に涙をこぼしてくださり、「一週間あまり通ってくだされば、なんとかなるかなあ」とおっしゃってくださいました。

子供を前に座らせて、一生懸命に九字を切ったり数珠を結んだりしてくださったのです。

「一週間あまりかかると思いますけど、来られますか」との優しいお言葉に、お母さんは「十日でも二十日でも来させていただきます」とほっとしたように言って、「あまり遠くはないのです」と、やっと明るい顔になったのでした。

それからは、毎日お子さんを連れて通われました。

「昨日医者へ行ってきましたら、先生が『中のガンが少し小さくなっているので安心した。しばらくはこのまま様子をみましょう。頭に近いところですから、転移したらと思って心配していましたが、だんだん小さくなってきています。不思議だね。運の良い子ですね』と言って、頭をなでてくださいました」

とおっしゃるほど、めざましく回復したのです。

ほどなくしてすっかり治りましたが、知人から「奈良に偉いお医者さんがおられると聞いたので、行ってみたら」と言われて、念のために診察を受けに行くと、「どこも悪くないですよ」と言われたそうです。

それっきり、お母さんは一度もお参りをしたことはありませんが、ある日のこと、男の子が一人でトコトコ神殿に上がって来て、チョンチョンと手をたたいています。

「あ、僕、お参りしてくれたのね」と言うと、「うん」と一言答えて帰っていきました。子供ながら、神様にお礼を言いに来たのかしらと、なごやかな気持ちになりました。

この近くに住んでいるというのに、会うこともなく月日は流れ、当人は元気に大阪の大学へ通っているとのことです。長らくして、ある人が突然お参りくださって、お話しすることには、「あの子は本当に運が良かったなあ。あのまま大阪の病院へ行っていたら、目が不自由になっていたかもね」と言われ、それも人の運でしょうねと話したことでした。

17　死んだことを知らないままの人

「初めてお参りする者ですが」と、大阪から来た女の人がありました。

「主人が亡くなって三年になるのですが、亡くなるとき急だったので、一度呼び出していただきたい」とのお申し出です。早速大神様にお願い申し上げました。

しばらくしてご主人が出てくださったのですが、なにも申しません。眠っているようでした。そこで大神様がお下りされて、「大きな声で、声をかけてあげるように」とおっしゃいました。

再びご主人と変わりました。奥様が「お父さん！　お父さん！」と体を揺り動かしますと、「ああ、よく眠った。早く起きて仕事に行かなければならんのに、起してくれたらよかったのに」と言われるのです。

「お父さんは、亡くなってからもう三年にもなるのに、お葬式も立派にしてあげたのに、なにも知らなかったの？」と、奥様がすがって泣かれたとのことです。

いろいろとお聞きしますと、大きなトラックと、乗っていた自転車が衝突事故を起し、あまりに急に亡くなったために、どうやら死んだのを知らなかったのだと思われました。

ご主人が「三年も前に死んでいたなんて、まったく知らなかった。悪かった」と言って泣き出され、これからのことをいろいろと話をして、注意もしてくれたということです。

「本当に主人が生き返ってくれたように思います」と言って、奥様は、泣きながらも少し安心をしたような、嬉しそうなお顔でした。あの世とこの世を繋ぐ、ひとときの架け橋とでも申しましょうか。死人に口無しといいますけれど、この世に呼び出してあげれば、皆様立派にお話ができるのです。

18　お別れの挨拶に来た御霊《みたま》さん

ある学園の園長様が誰にお聞きなさったか、人を介して来てほしいとお迎えの車を下さったので、乗せていただいて行きました。

お年のころは七十五歳を過ぎた方で、神様が側にお座りになるなり「お家におられるより、入院なさる方がよろしいですね」とおっしゃりながら、お体のあちこちを見てくださったそうです。しんどくないように、お九字を切ってくださり、数珠を結んでくださいました。

園長様は、「ああ、さっぱりした。気持ちが良くなった」と、大変喜んでくださいました。「入院しても来てくださるなら、明日にでも入院します」と言われるので、毎日のように病院へ参りますと、子供を待つ親のように喜んで待っておられました。一週間ほどして、奥様が玄関まで見送ってこられたとき、「あまりお側を離れないように」と神様がおっしゃってくださったそうです。

その後、用事ができて行けないまま三日ほど経った朝方、夢を見ました。夢に園長様が出てこられ、「わし、もう死んだんだよ、ガンであったそうだよ」と大きな声。その声にはっとして目を覚まして時計を見ると、ちょうど四時でした。

それから三日経って、近くの母子寮の先生が夕方来られたので、夢の話をしたら、「今日はその方の葬式にお参りして、今帰って来たところです。出棺のとき、朝四時に永眠されたという挨拶がありました」と聞きまして、なんと、息を引き取られたとき、御霊がすぐに来てくださったのかと、驚いて手を合わせました。

19　出産後、体が不自由になった人

お正月に実家へ帰ったときに訪ねてこられた人は、五年前に三人目のお子を産んですぐに引きつけを起し、なにもわからなくなったという人でした。五日目に気がついたときは右半身が不自由で、右手も握ったまま、右足も歩くのがやっとのことで、片足を引きずりながら来られました。

いろいろとお話を聞いているうちに、突然大神様がお下りしてくださって「可哀想なことをしたね」と、お調べくださいました。そして、その年のふさがりの方角に後産を埋め

ていることを話してくださり、「日が過ぎておるが、一度きれいにお掃除して、お塩をまいて誠心からのお詫びをしておくように」とおっしゃいました。

その後に「帰ってから急いでお詫びをしましたので、神様によろしくお礼申し上げてください」と、泣きながらの電話がありました。もっと早く知って、大神様にお願いできていたらと思い、一緒に涙を流したことを、今も思い出すことがあります。

汚れものや穢《けが》れたものを、その年の悪い（ふさがりの）方角へ納めたり、また捨てたりしてはいけないということ。この教えを忘れずに注意することが、とても大事なことなのですと、大神様にお教えいただきました。

20 肋膜《ろくまく》の水（その1）

郷《さと》へ帰ったときでした。

近所に住んでおられるご夫婦には二人の息子さんがおられ、二人はもう二十歳を過ぎております。兄さんのほうは、毎日父親について山へ炭焼きに行き、できた炭を家に運んで一生懸命に働いていましたが、弟さんは青い元気のない顔をしてふらふら遊んでいました。

近所の方々は、きっと肺が悪いのだろう、と噂しておったそうです。

その弟さんが、夜友達に連れられておいでになり、「どこが悪いのか、どうか一度見てやってほしい」と言うのでした。

「大神様にお願いしてみます」と、横に寝てもらいました。大神様は胸や腹の方を手で叩いて、「左のほうの音が違うでしょう。たくさん水が溜まっているのですよ」とおっしゃり、九字を切って、左の胸（肋膜）のほうをかかえるようにして振ります。すると、「ドブン、ドブン」と音がして、たくさんのお水が出て、お腹まで一杯になりました。

大神様は、「小便にして出してしまわないと肋膜《ろくまく》の水が出ないので、明日また来てください」とおっしゃいました。

始終を見ていた友達が不思議がり、「一度僕にも振らせてほしい」と言って、馬乗りになって振ってみましたが、なんにも音がしません。不思議だなあと、二人顔を見合わせながら帰りました。

三回ほど通ううち、すっかり水も出してしまって音も良くなり、次に郷へ帰ったときは、皆と一緒に元気に炭焼きの仕事に行っていました。

その後は、お正月、お盆、彼岸などで郷へ帰るたびに、皆が夜も昼も押しかけて来るようになって、ゆっくりと親子の話をすることもできないと、母親が嘆いておりました。

21 肋膜の水（その2）

郷へ行っているときでしたが、隣村に住んでいる友達が、結婚して十三年ぶりにできたという五歳の男の子をおんぶして夫婦でやって来ました。聞けばその子は、肋膜に水が溜まっているからシップをして取るようにお医者さんに言われていて、「毎日毎日シップをしているのですが、私がそばで一緒に寝ないと、ついて起きてくるので困っています」というのです。

大神様が手で叩くと、「ぼんぼん」と鈍く響く音がするので、驚いてしまいました。仰向けに寝させ、抱えるようにして揺すると、「とぶとぶ」とお腹に水が一杯出ました。

大神様は、「これで一応は取れてしまったけれど、また溜まってくるので二、三日過ぎに来てください」とおっしゃいました。

その後、三日おきくらいにきちんと通って来られ、「これで良くなりました」と大神様に言っていただいて、良かった、助かったと大変に喜んで帰りました。

そのときは、肋膜に水が溜まる病気と、盲腸の腹痛が大流行で、腹が痛いといって来る方は、盲腸であったのがほとんどだったように思います。

22　お兄さんに憑いた亡き弟さん

今から十年以上前のことです。

和歌山市内に住んでいる方が、毎日とてもひどい頭痛（左の頭）で、あちらこちら、行かないところがない程にお医者さんに行ったのですが原因がわからず、薬を服用しても効かず、困り果てて、「友人にこちらを教えていただいて、飛んできました」と、御夫婦でおいでになりました。

大神様の前に座ると、「頭が痛い、頭が痛い」と、ご主人がうわごとのように繰り返すので、もしや亡くなった方かしらと思い、お心経を上げましたら、手が震えてきました。

ご主人に憑いて来られていた（亡くなった）方が出て、お参りのお二人に向かって「弟です」と名乗られたのです。弟さんは、

「高いところから落ちて左の頭を打ち、亡くなってからもう三年になるが、まだ成仏できていない。助けてほしいのです。だから兄さんに憑いている。どうぞ大神様にお願いして、助けてもらってください」

と、言いにくそうに申されました。

お兄さん夫婦は、三年前、弟さんが亡くなったとの知らせを受けました。弟さんは大工さんでしたが、仕事中に高いところから落ちて、頭を打って亡くなっており、夫婦が駆けつけたときには頭を包帯でぐるぐる巻きにされていたとのことでした。

大神様が、「ちゃんと成仏できましたら、痛みも苦しみもなくなります。こちらで七日間行をしていただきますから、お名前と戒名を書いてください」とおっしゃいました。

七日間、朝お水を供え、お心経を唱えておりましたら、ちょうど七日目の朝、弟さんが出て来られ、

「長らくお世話になりました。立派に成仏させていただき、痛みなど飛んでしまいました」と、喜びながら申されたのでした。お家の方々が大勢来られ、さまざまなお話を聞かされて、お兄さんはそれから以後、頭が痛くなくなったということです。

あれから随分と年月が過ぎましたが、ご夫婦は今でもそのときの喜びを忘れることがなく、数日おきに美味しい海の幸をお持ちになり、いつもいただいております。毎月十五日のお祀りに供えるお供えの鯛は、その日一番立派なものをわざわざ調達し、早朝に届けて下さっています。大神様は、本心からの信仰心のある人ですとおっしゃって感謝し、私どももも本当にありがたいことだと思っております。

23　子供のころのこと

三、四歳のころから、神様のお姿を土でつくって並べ、お花やお菓子や、他にあるものを供えては、なにかわけのわからぬことを唱え、一日中遊んでいたことを今も憶えております。

また、五、六歳のころ、神野市場から神様を拝んでいる女の人がお出でたと聞き、何かお伺いをしてほしいことがあったのか、私を連れて母がその人のところへ行ったことがありました。その女性は私の顔をみるなり、「この子は神受けのあるお子さんです。きっと大人になったらお人を助ける人になりますよ」と言ったということです。

そのことは、後々まで母がよく言っておりました。幼かったときは、信仰というほどでもなかったわけですけれど、家の神様や仏様に手を合わせたりお参りすることが好きでした。それは、小学五年生ごろまで続きました。学校から帰ったら鞄を上がり框《かまち》に置いて、すぐに神様を祀っているところに走って行き、熱心に行事をしておりました。

あるとき、父親が、「こんなことばかりして！」と怒って、土でつくった神々の人形をみな下へ捨ててしまったことがありました。

ところがその夜、父は大変な頭痛になり、痛くて痛くて、手拭いで鉢巻をして「うんうん」うなって寝込んでしまったそうです。母が不思議に思い、父には黙って、そのころ信仰していた男の人のところへ行きお伺いをたてたところ、「いとさん（私のこと）がお祀りしているところへ山の神様がお出でて、一緒に喜んでおられたのに、下へ捨ててしまわれて神さんに叱られているのですよ。元のようにして、叱らずお祀りしてもらうように」と言われたそうです。

ありがたかったこと、不思議だったことが数えられないほどありました。弘法大師様は、ご幼少の折から、信仰とか、いろいろなことを後々まで残しておられます。私にはそのような力もないことですから、お人に聞いていただくようなことではないのですが、何年かのうちに、様々に信仰のありがたさや、神々様、御仏様のお力を見せていただきました。そのことを伝える万分の一の表現力もございませんけれども、お恥ずかしいと思いながら、書き留めさせていただきました。

24　子授けのこと（その1）

大阪から女の人が二人、知人の紹介で参拝されました。

ご用件を聞きますと、一人の方は体が悪くて、もう一人は付き添いで来たのだとのことでした。子供ができないからぜひ見ていただいて、お授けをしてほしいということでしたので、大神様にお願いしてお授けをしていただきました。

お連れの方に「奥様のほうは、お子様は何人もおられるのですか」と何気なく聞きましたら、「私も結婚して長らくなりますのに、一人もできなくて…」と言います。「一人もないのでしたら、せっかく来られたのですから、奥様も見ていただいたらよろしいのに」と言いましたら、「もう諦めていますので」というお言葉です。

大神様が「せっかく来られたのだから」と、その人にも同じようにお九字を切って、お授けの術をかけてくださいました。

それから月日が過ぎ、ある日突然電話があり、「あれから子供を授かり、二子ができ、二人とも男の子でした」との喜ばしい報告でした。子供がはいはいするようになってから、夫婦で子供を車に乗せて来られ、何度もご無沙汰したことをお詫びしながら帰られたことでした。

それから便りもなく年月が過ぎましたが、ある日、ずいぶんと背丈の伸びた二人を連れて来られました。すっかり忘れたころだったので、私も驚きました。大神様は嬉しそうに二人の頭をなでながら、これからのことをいろいろ注意なさり、本当に親のようだったと、居合わせた方々が感心なさっておられたそうです。

25　子授けのこと（その2）

結婚十年近くになるのに子供がなく、お授けしてほしいとすがって来られた方がいました。

大神様のご診察では、「子宮はまだよく育っていません。柿で言ったら九月ごろのようです」とのことで、それから随分長い間、お加持を受けに通って来られました。そしてようやく授かったお子さんは、小さいときお母さんに連れられて神前に座ると、頭を畳につくほどにして参拝し、「僕は神さんの子」と嬉しそうに言いました。

成人し、大学を出て、難関の就職試験も見事に成就されました。小さいときは活発で、見ていてハラハラするほどに動き回りましたが、大人になると真面目で親思いのお子さんに成長されました。時々、お母さんのお体を上手にお加持してくれるとお聞きしております。

26　子授けのこと（その3）

三月十五日、お水の行をしていただいた後で、お日柄《ひがら》が良かったので、夜、夕食後に、孫娘にお授けの行をしていただきました。幼い兄は、赤ちゃんを待ちかねて、翌日に「早く赤ちゃん頂戴」と申しますので、笑いながら「お母さんのお腹で育ってから生まれるのだから待っててね」と言ったものです。そのまま生理がなくなり、十二月二十五日に男の子ができました。

十二月二十五日、男の子が生まれた日、当日のことです。朝から外出して帰りまして神殿に上がりますと、大神様はじめ神々様はお留守でした。お留守番を仰せつかった、紀栄美ちゃんという可愛い神様が一人で待っていて、おっしゃることには、

「今日は朝から赤ん坊が生まれるからと、神々様皆そちらへ行かれましたので誰もいませんよ。私は一人残って、言伝《ことづて》を仰せつかって待っていたところです。ああ、これでお役目が済んだから、私も行ってこよう」

その後無事に生まれたとの報せがありました。

その子が初めて神殿に上がったときのこと、親も呆れるほどのしっかりとしたご挨拶を

神様に申し上げてびっくりいたしました。

「はじめまして。とりいのえると申します」と、正座して、たった二歳の子供とは思えない言葉遣いでありました。やはり、神様の子という自覚があるのでしょうか。お授けの行をしていただいて、授かったお子様は、小さいころからどことなく変わっておられるように感じられます。することも、言うこともりりしく、なにかにつけて、先生にお褒めいただいたと聞いております。

27　手を洗ってばかりいた人

その人が実家へ帰ったとき、風呂に入っては一時間以上も出て来ず、二日間で一個の石鹸を全部使ってしまっていたと、郷《さと》の兄嫁さんが心配していました。家に来客があると、客が帰った後、その客が腰を掛けていたところが汚いのだと言って、箒で掃いたり、雑巾で拭いたりしたのだそうです。そして今度は、自分の手が汚いと言い出して、毎日お湯を沸かしては手を洗うようになり、家人がすっかり困ってしまい、一度お調べしてほしいとのことでした。

その人は、同郷の近所の人で、私より三つくらいお若い方です。見ると手が真っ赤になり、ひび割れたようになっています。

「どうしてこんなになるまで手を洗うの」と聞いてみましたら、「どうしても洗わないといられない」と言うのです。大神様にお伺いいたしましたら、「家の入り口のところに池があり、その上の山の入り口には神様をお祀りしてあるが、池も神様も木の葉が散り込んで汚している。神様と池を清めるように」とおっしゃいました。

また、「石を四個用意するように」とのご指示で、山で拾ってきた石を塩で清められ、「池の四角に入れるように、また、神様のお社をお掃除して、洗米・お塩・お水の三種をお供えしてご参拝なさるように」と指示を下さいました。

早速、お告げのようにいたしましたところ、手を洗うことがなくなったと、喜んでお知らせがありました。

神様のすることの不思議の一つでした。

28　玉垣内の庄屋の話

奈良の十津川から左に入ると、玉垣内というところがあります。その村役場に勤めている人が、朝起きて雨戸を開けようとして急に倒れたり、自転車で通勤の途中、自転車ごと倒れたりなどして、とうとう寝込んでしまいました。私の長年の友達の、その伯母さんのご主人のことです。一度見てあげてほしいと言われて、お伺いいたしました。

伯母さんは「遠いところを、よくおいでくださいました」と喜んでくださいました。伏せっているご主人にご挨拶しましたら、喜んではくれたものの、「初めは脛《すね》立ちができたのに、今では両方へ倒れてしまって起きることもできません」と、力なくお話になるのでした。

二日目でしたか、大神様が、「どうも亡くなった人が憑いておられる。お逢いしたいと言っていますがどうしますか」とおっしゃいます。「逢わせてください」と答えますと、すぐ仏さんが出られました。

仏さんが申されることには、「私は、この家の上にある松の木の根元で死んだ者です」とのこと。大神様が、「言いたいことがあれば、すらすらと話ができるようにしてあげます」と、仏さんにお力を授けられたそうです。初めに自分の名前を明かし、一時間近くいろいろと話をされたそうです。

仏さんは四国の人で、あちこちと巡拝をされ、行をしておられたのだとか。

「そのときは玉置山にお参りして、十津川へ下りて、お宿へ泊まるつもりでした。しかしどこで迷ったのか、道を間違えてこちらへ下りて来てしまい、こちらの家にまだ明かりが点いていていたので、ああ嬉しい、助かったと思い声を掛けさせていただきました。中に入れていただいて、あまりにお腹が空いているものですからつい甘えて、お粥でもよろしかったら一杯くださいとお願いしたところ、奥様が、『一杯と言われないで、お腹いっぱい食べてください』と言ってくださったのです。『庭の隅でもよろしいから泊めていただけませんか』とお願いしたら、快く、『家が広いんだから今から蒲団を敷きますので』と言ってくださいました。しかし、ご主人が蒲団の中から、『どこの馬の骨か分からん者を食べさすことも泊めることもならん、出て行け』と怒鳴りました。奥様は泊めてあげようと言った手前、うろうろするばかりでした。それが気の毒で家を出て行き、上の松の木の下に座りこんだまま、三日目にとうとう死んでしまいました。家を出るとき表札を見ましたので、名前を憶えています」

その仏さんの言った当主の名前を聞くと、「あっ、その名前の人は私の六代前の人です。村の寄り合いに行き、橋から落ちて亡くなったと聞いています」とのこと。その人の名前の出ている帳を見せていただきますと、確かに名が出ていました。

その頃、伯母さんの息子も他所《よそ》へ働きに行っておりましたが、やはり足腰が立たなくなり、仕方がないから家へ連れ帰ろうかと話していたのだそうです。代々後を継いだ男性が、あまり幸せな死に方をしていないとのことでした。ちょっとの情をかけなかったばかりに、子孫に因縁を残すということが恐ろしく思われたことでした。

29　墓地上の家

あるとき、本宮の「みさと」というところに住む夫婦がお出でになりました。夫は盲目であり、妻は出産のおり子供が生まれにくく、鉗子《かんし》を使ったところ、膀胱《ぼうこう》を突き破ってしまい、それ以後、どこへ行くのにもおむつを当てているとのことでした。

「私たちは、これまでなにも悪いことをして生きてきたとは思われませんのに、どうして二人ともこのようになったのでしょう」と聞かれます。

早速、大神様がお調べにお出でてくださり、「そなたの住む家の土地は、昔は墓であって、霊魂が今も残っておりますから、その家に住んでいると良い暮らしができません。だから、その土地から出て他所《よそ》で暮らすほうが良いのです」とのお言葉でした。

本当にお気の毒と言うほかありませんでした。

30　佐野の病人の話

　本宮に住んでいる時、佐野というところから電話がかかってきました。

「主人があと四、五日の命と言われています。主治医の先生は東京で会議があって留守にするので、気をつけよと言われましたが、心配でたまりません。本宮の人から、良く見てくださる方と聞きましたので、どうか一度見に来てやって下さい」と申されます。

「それでは、明日は用事がありますので、明後日にでも行かせてもらいます」と返事をしました。しかし、帰ってきた主人がそれを聞いて、「そんなに悪いのであれば、明日にでも行ってあげなさい」と言います。それですぐ行くことにしたのです。

　新宮まで迎えに来るというので、本宮からバスで行きました。駅まで、お隣の奥さんと二人で迎えに来てくれていました。三人連れ立って、新宮から二つ目の佐野で下車しました。

　早速ご主人の部屋へ行きましたが、その姿に大変驚きました。大きなお腹をして、横になって敷蒲団の上に寝ておられたのですが、細い紐がお腹にくいこんで、括《くく》ったところがひょうたんのようにくびれています。顔も頬も浮腫でぶくぶくです。

「これまで四回病みましたが、今度は助からんでしょうと、毎日診に来てくださるお医者様が言われました」と、奥様が泣きながらおっしゃいました。

着いてすぐ昼食前にお加持、次はお腹の空いたとき、夕方、夜と続けておりますうちに、お腹が「ガラガラ」と湧き出してきました。

夜中十二時、ふと目覚めると、隣の部屋で奥さんが泣いています。びっくりして、もういけないのかと思って、なにもかも蹴飛ばすようにして見に行くと、尿瓶におしっこを受けていて、それが嬉しくて泣いていたのでした。朝方四時のときも音が聞こえてきましたが、疲れ切っていてそのまま見に行けず、眠ってしまいました。

ご主人は、お水を一日おちょこ一杯しか飲んではいけないと言われていたのですが、三日目に、「わしの膳《ぜん》も野際先生と一緒にここへ運んでほしい」と言われ、二人差し向かいで食事をいただきました。四日目の夕方、出張から戻られたお医者さんが見に来てくれましたが、顔を見るなり、「おお！　どないしたんや」とびっくりされました。腫れがすっかり引いて元気な姿を見て、なにを言うこともなく帰られました。

五日目には、「このように良くならせていただいたので、一度白浜の温泉へでもご案内させます」と言われましたが、「私は遊びに来たのではありませんので、もし案内くださるのでしたら、那智山へ参って一日も早く全快されるようにお祈りをしたいのです」と申し上げ、娘さんの案内で、信仰深いお隣の奥さんと共にお参りいたしました。

那智大社にお参りを済ませ、お滝の方へも降りて、滝近くで合掌しておりました。気がつくと、隣の奥さんがずぶ濡れです。

「どうなさったのですか。まるで滝へ落ちなさったようですよ」

「先生も同じです」

言われて見ると、私の着物にも水がかかっていました。私はウールの着物でしたが、その奥さんは袷《あわせ》の着物で裏が出て、お水を絞るのも大変だったと記憶しています。

あとで聞いたのですが、私がお滝に合掌し、お祈りをしているとき、

「われは那智の滝、八大龍王である。滝のしぶきをかけてやろう」

と言って龍王様がお下りされ、下から滝の水が飛んで来たということで、

「立っていてもヨロヨロとしてこらえるのに大変で、先生が滝に落ちないかとずいぶん心配しました」

と、奥さんがおっしゃっておりました。

バス停で待つ間もなくバスが来て、ずぶ濡れのままバスに乗り込みましたが、乗り合わ

せた人は、なんと思われたことでしょう。いちごの出盛りのころのこと、お土産に畑で摘んだいちごをたくさんいただいて帰りました。幾年か前の初夏のことでした。

それから後にも、十五日のお祭りには、よく八大龍王様がお下りくださり、「滝のしぶきはなけれども」のお言葉があって、参拝者一同のお祓いをしてくださいました。

31　命が助かった人

有名な浪曲家のお弟子さんが、修行が辛かったのでしょうか、「死にます」との書置きをして、行方がわからなくなりました。

親御さんが大変びっくりして飛んで来まして、「神様、助けてください」とお願いします。大神様は、「本人が死のうと思っているのだから、大変命が危ない。早く見つけてあげなければなりません。行く先々の守護をしてあげます」とおっしゃって下さったのです。

その後、旅館に泊まって毒薬を飲んだ当人は、朝方四時ごろ、仲居さんが便所に行く際に、「う〜ん、う〜ん」と苦しむ唸り声が聞こえて、発見されました。急ぎ鍵を開けて中に入ると、まさに苦しみの最中。お医者様をすぐに呼び、胃の洗浄をして危うく一命を取り止めたということです。

鞄の中に住所が書いてあり、親元に連絡があって、無事戻ってこられたのでした。本当に危ないところを助けていただきました。

32　回虫の湧いた子

腹が痛いと言って学校から帰って来た二年生の女の子があり、少し痛みが治まったころあいに母親が見てほしいと連れて来ました。大神様がごらんになり「回虫が湧いている。一つところに集めて置いてあげるから、帰ったら虫下しを飲ませなさい」とおっしゃいました。

ところが、痛みが止むと、女の子はそのまま寝入ってしまいました。とうとうお薬を飲まずにその夜を過ごしてしまい、翌朝のこと、「お尻がこそばゆい」と言うのでさては虫かもと思い、便所ではなく庭に新聞紙を広げて便をさせました。

するとまあ驚いたことに、回虫が固まって出て来たのです。あまりの多さに母親は、「棒で一匹ずつはねて数えましたところ、なんと十七匹もいました」と、びっくりして知らせに来ました。

今では聞かれない話ですが、その頃は、回虫に腸や胃などあちこち食い破られて死んだ人もあったほどなのです。

33　家出した娘さんの話

ご夫婦でお参りしたお二人がありました。

神前に座るなり、奥様はしくしく泣き出され、ご主人の方はただ一心に手を合わせておられます。なにかご心配の様子なのでしばらく黙っておりましたが、思い切って声をかけました。

重い口を開いてくださったことには、

「十五歳の娘が家出をしまして、昨日は紀南の白浜を探して回りましたがまったく見つからず、和歌山へ出て来まして、こちらを教えていただいたのです。すがる思いで参りました」

大神様は、その間黙って聞いておられましたが、しばらくして「娘さんは、思案しながらも、だんだん遠くの方へ行かれています。和歌山市内や大阪あたりを探しても無理ですね」と言われ、後の言葉が続きませんでした。

詳しく話をうかがうと、

「娘は女学校へ行っているのですが、家から遠いので、下宿しておりました。一緒に下宿している方が四人おられ、朝起きたら娘がいません。『学校へ見に行ってもおらず、待っても帰ってこないので、お家のほうへ電話してみたのです』と言われ、不思議に思って見に来ましたら、衣類や必需品を持ち出しているのです。これは家出と同じだと悟ったのです」といういきさつです。

大神様が再びお下りくださり、「調べさせていただいたところ、この方は乗りものに乗って、遠くへ行きつつあります。今から探しに行っても無理ですから、行く先々の修行によって、向こうから知らせてくるようにしてあげますから、ひとまずお家のほうへ帰って知らせを待ってください」と言われました。

ご夫婦は、何度も「お願いします」とくり返し、泣きながら帰られました。そのころ娘さんは、列車に乗り一度新潟で下車したあと、また乗車して北海道の網走まで行き、働き口を探し、泊まった旅館にお願いして働くことになっていたのだとか。しかし、あまりにもまわりが淋しく、引き返してきていたのでした。

少し賑やかなところに仕事を見つけたくても、なかなか見つからず、仕方なくまた網走へ戻ろうと思ったところでお金がなくなり、トラックの運転手さんに乗せてもらえるよう頼んだのです。快《こころよ》く乗せてくれたのですが、その運転手さんは「なにかがおかしい」と思い、「その前にまず食事をして腹ごしらえしよう。荷物はここにおいておきなさい」とうながし、娘さんを連れて出て、その間に、事務所の人に頼んで娘さんの荷物を調べてもらったのです。

はたして鞄の中から家の住所が出てきて、家出だということがわかり、早速連絡を下さいました。両親は飛行機で北海道へ飛んで行き、無事に連れ帰ることができました。

何度も頭を下げてお礼を申される両親の横で、娘さんはずっと両手で顔を覆ったままで帰りました。両親が学校の先生だったので、四月の学校の成績が悪かったのを苦にして、ひどく怒られると思って飛び出したのだということです。それにしても、親切な運転手さんに出会うことができたことはなにより幸運なことで、これも加護のおかげであると、本当に胸をなでおろしたことでした。

34　針を飲んだ幼児

夜九時ごろのこと、急に電話が鳴り、取ってみると知人の娘さんです。縁づいてお子さんが産まれたと聞いていましたので、もう可愛い盛りかしらと思いながら、「大きくなったでしょうね」聞きますと、「はい」と言ったきり泣き声になります。なにがあったかと驚いて、詳しく話を聞いてみると、子供がまち針をくわえて踊っていたので、慌ててつかまえようとしたら、逃げ回って針を飲んでしまったと言うのです。

私も驚いて、「ちょっと待ってね。今神様にお願いしてみます」と、そのまま手を合わせたら、大神様がすぐお下りくださって、「お母さんが騒ぐとよけい悪いので、どうか心を落ち着けて。今は時季だから家に置いてあると思いますので、さつま芋を茹でて食べさせなさい。明日になったら、針がさつま芋にくるまって出て来るでしょう」と指示を下さいました。

その通りにして、次の日お昼前には「針が一緒に出ました。本当に嬉しかったです」との電話に、ホッとしたことでした。

あるときは、同じように大工さんが釘を口に含んで働いておりまして、つい飲み込んでしまったということもありました。そのときも同様にことなきを得たことです。

35　盲腸炎の話

「明日入院して、明後日すぐに盲腸炎の手術をすることになりましたので、お守りをつくっていただきたく参りました」という、三十過ぎの方がみえました。

大神様はお守りをつくってくださりながら、「ちょっと横になって休んでみてください。これくらいの病気ならば手術することもいらないと思いますよ」と言われました。寝たお腹をおさえてあげて、「盲腸が悪いのならば、あと三回ほど来られたら、切ることもなく良くなりますから来てみてください」とのお言葉に、喜んで毎日通って、その後三日で痛みもなくなり、大神様のおっしゃったとおりすっかり元気になりました。

後日、その人のお母さんがいらして、「入院することも、痛い目をすることもなくて、本当に良かったです」と、何度もお礼を言われました。

そのころから、盲腸が悪いとか痛いとか言ってお腹を押さえながら来る方が多くなり、あわせて四十人くらいは来られたのではないかと思います。

最近、久しぶりにお腹が痛むといって来た方が、「盲腸かもしれない」とのこと。大神様に見ていただいたら、やはりそうでした。手を添えていただき、九字を切って下さって「これで良くなります」と言われて帰りました。なんと翌朝には痛みがなくなって、医者に行くこともいらず、大変喜んで、また不思議がっておられたことです。

36　スプーンのこと

昔のことです。

テレビ番組で、スプーンを曲げている場面が写っておりましたので、炊事場から同じようなスプーンを持参してためしに曲げてみました。ちょっとした遊びのつもりで、とても曲げられるとは思っていませんでしたが、簡単にクルッと曲がって驚いてしまいました。

それから大分経って、曾孫たちが来ましたとき、カレーを食べていまして、テレビで曲がったスプーンを見ながら「おばあちゃん、このスプーンも曲がるかな」と言いました。「カレー用の大きいのは、とても曲げられないでしょうね」と言いながら、真似ごとのようにちょっと触ってみましたら、不思議に折れたように曲がってしまいました。

それを神前に持って行き、窓際の台の上に置きましたところ、参拝の方々が見て驚いて、曲げて見せてほしいと言うのです。遊びのつもりのもので、恥ずかしいと思いながら曲げますと、皆さんそれをくださいと言い出して、カレー用のスプーンがあっという間に十本余り無くなってしまいました。思い返せば、これも不思議の一つだったように思われます。

義母《はは》・野際ミネ子の不思議な力

編者・野際つや子

聖徳太子との御縁をいただいて

思えば大変不思議な体験をしたことが、その始まりでした。

平成十四年二月八日、大阪市立美術館に「聖徳太子展」を見に行った日のこと。夫や娘は「大変良かった。感銘を受けたからぜひ行ったほうがいい」と聞き及んでいたこともあり、天王寺まで行きました。

駅からの道々で、大きなポスターの聖徳太子の射るような眼差しに出会うたび、胸がつかれる思いがし、ハッとして立ち止まったりしながら会場へ向かったのです。

会期は残り三日で、大勢の人々が来場していました。人波に乗って順に回って行くうち、友人と二人、見上げた等身大の太子像に釘付けになりました。

「太子像の両眼に涙が出ている」

「本当だ」

と、二人でささやき合いました。後の方が来るので横へ移動してあらためて見ると、涙はありません。それで、もう一度確かめたくて像の前に立ちました。

するとやっぱり先のように、両眼に涙が湧いてくるのです。

「こんなことあるのかしら、不思議ね」と言い合いましたが、一人の驚きは他の人には知られていないのか、皆黙って移動していきました。家に帰り、義母《はは》にそのことを報告しますと、「きっと心が通じたのでしょう」ということでした。

▲聖徳太子展のチケット

それから数日後の二月十五日、この日は祭りの日で、一時からの行事も終りに近づき、高彦王大神様が、「今日こちらにご参集の神々様方の中で、我こそはとお思いの方がありましたら、ご参拝の方々に一言お言葉を告げてください」とおっしゃいました。

すると、これまでにない方が御幣を両手に、「ほう、ほう、ほう…、うん、うん、うん、そう、そう、そうだよ。わかるかね、そうだよ、わかるかね…。大阪から来た、元は武士だった」と言いながら、ぐるぐると歩き回りはじめました（「ほう、ほう」という言葉は、立松和平氏の著書『この国の原郷』に、「法隆寺で奉という言葉が発せられる」とあり、おそらくはその意味かと思われます）。

「私は千年以上前に生きておった者。争いや、戦をしてはならん、皆仲良くするのが一番！ほんま！　ほんま！　ほんまとは大阪弁で本当ということよ。もともとは、ほんまと言っていたのが初め。人間、生きている間はずっと勉強、仕事、働くことじゃ。私は言葉がわからん…。どうやって話していいかわからん、なにしろ、このようには一度も喋ったことがなかった。でも、今こうして語ることができてほんま嬉しい。皆信仰するのなら位の高い神様を信仰して、守ってもらうのじゃよ。低い神ではどうもならん。また来てもよいか？」

「どうぞ、お名前をおっしゃってください」

「考えてみよ、わからんか？　大勢の人が来た、この間来てくれた、背中に大きな神をしょって、そなた来たであろうが」

「えっ！　もしかして聖徳太子様で？」

「やっとわかったか、そうだよ、そうなんだよ。一人で来ては他の者となんら変わらんけれど、大神様が付いておいでじゃった。それで一体どんなところかと、つい、付いて来てしまった。人は死んでからも働く、私もずっと働いている。生きて一生勉強し働いて、死しても働くものなのだよ」

と、いろいろなことを、大阪言葉のほんまを入れてユーモアたっぷりに語ってくださって、参拝者一同本当に楽しく聞き入りました。

私は太子にお尋ねしたいことがいっぱいありましたが、一つだけお聞きしました。

「今、太子様のこと、未来記に書かれてありますが、本当ですか？」

「そうだよ」

というお答えでした。

「また来てもいいかね。このお代《だい》さんに孝行をして、長生きしてもらいなさい。今日は来て本当に良かった。ここは良いところだった、嬉しかった。嬉しいよ。神様と人が一緒に祈るということは、本当に素晴らしいことだよ」

以上が、初めて聖徳太子のお言葉をお聞きした日の経緯《いきさつ》です。それから後、聖徳太子フォーラムに参加して水野先生の講演を聞きました。

熱心に続くお話に思わず引き込まれ、相づちを打つ私の目と先生の目が何度も合ったのです。水野先生は、「今日私には、聖徳太子が乗り移っている気がします。太子は大層お喋りでもありました」と、壇上に近い私の顔を覗き込むようにしてお話しされて、とても不思議な思いでした。

その日帰りましたら、義母から、「今日大神様が、ご一緒に斑鳩の地にお出でくださり、聖徳太子様に先日のお礼をおっしゃってくださったのですよ」と聞きました。またお出でくださるとの由《よし》、うれしく思ったことです。

そして三月十五日、お水の行が終わったと思ったときのこと。

「ちょっと三分だけ。この前はもの言えずだったけど、今日は少し言えます。わざわざまた来てくれて、ありがとう。皆さん、私は人間です」と、聖徳太子様が時計を気にしながら話をなさいました。

二月二十三日、聖徳太子フォーラムで、水野先生が私のほうを見ながらお話されたことも知っておられました。

お喋りであられたことを「その通りです。恥ずかしい」とおっしゃって、顔を隠されていました。

次にお下りされた、五月十五日の聖徳太子は、ご神前にて、ご立派なご挨拶で、去る五日に孫や娘と法隆寺へ行ったお礼を、わざわざおっしゃってくださったのでした。

「お陰さまで、大神様方のご指導よろしく、このようにやっとわかる言葉で申し上げることができました。こちらに空海さんと申し上げる方が座っておられます。手を取り、こちらでは皆が楽しくものを申したり、楽しい生活をなさっておられる。どうぞ聖徳太子もそのお仲間に加えてくださいませ。……私は四十八歳のとき、世を去りました。ああ、『私は六十歳まで生きたよ』と、空海さんが申されています。なんと言っても私は天皇家の生まれが一番辛かった。これは今の天皇家とは違いますが…。

今日帰ったら、私はまた、本当に素直な気持ちでがんばっていけると思います。大神様方や、この神をお迎えくださるお代様によろしゅうお伝えください。天の大神様がお下りするという方は、全国どこを探してもいないんです。ここを見つけたことが、本当に嬉しかった。大神様が付いているそなたが、お出でてくださったからわかった。天の大神様ですから、大きい姿がわかりました。

どこに祀っておられるんだろう、この人の家に違いないから付いていこうと、こちらの御殿に祀られた方ということがわかりました。こちらの大神様に一つひとつお話を聞きまして、大神様も、戦争に負けたら、神も仏もあるものか、という気風になったのを嘆かれて、皆々様方はそのような気持ちになってはいけないと、神があるんだよということを、知らしめるために、三年かかってお下りする人を探し当てたのだということをうかがったわけです。私もこうしてお代に出会い、お下りして、千四百年の間悶々《もんもん》としていた心が晴れました」

後から高彦王大神様が、「聖徳太子様、今日は立派な言葉でしたね。弘法大師様とは、よくお会いになるそうですよ」とおっしゃっておりました。

その後たくさん読んだ太子の本からも、本当に身近くならせていただくこのごろです。

先日は、後藤隆様の著書『先代旧事入門書』のなかに、親孝行について、

「どれほどの苦労をしてでも、親孝行をせよ。親に尽くすも神に尽くすも同じ」

「親というのは自分の元であり、親に尽くすというのは公《おおやけ》に尽くすことになる」

と、太子は教えたと書いてあります。千四百年を経て、私は太子からじかに「このお代さんに孝行して長生きしてもらいなさいよ」とのお言葉をいただき、これからも、義母を大切にお守りし続けていきたいと思っております

軽くなった図録

平成十五年四月十五日からはじまった「弘法大師入唐一二〇〇年記念」も、和歌山を最後に幕を閉じました。

十一月二十三日、別れを惜しむ気持ちから、会場で、聖なる山の至宝を、ゆっくりと解説に耳を傾けながら拝見してまわりました。最後に再び大師の御前に立ち、

「この度、たま出版からご霊言を出版することになりました…」

と、一人大師のお目に顔を合わせての報告をしました。そして、今日この目で見た感激をいつまでも持ち続けたい気持ちと、、とうとう一緒に行けなかった義母《はは》上や他の人にも感動をお伝えしたく思い、図録を求めました。

日ごろは、脚のことを考えて重いものは持たないようにしていたのです。このとき買った図録はかなりの重量があったのですが、まったく気にならず、家に帰って義母に渡すと、

「なんと重いものを！」と驚かれました。

「いえ、重くはありません。とても軽かったですよ。きっと大師様のお魂がこの本に入っていたから軽くなって下さったのですね」

そう私が申しますと、義母が、ではそのようにお頼みしてみましょうと、「軽くなって下さい」と願いをかけて持ってみたのです。すると不思議なことに、軽々と頭上まで上がるのです。この図録は早くも神力をお持ちで、大切に扱わなければと心の引き締まる思いになりました。とても不思議な体験です。

第三章　奇蹟をいただいた人たち

三十数年前の体験

本宮町　敷地康弘

人生七十年を過ぎて顧《かえり》みれば、じつにいろいろなことがありましたが、一番の転機は、信仰の道へ入ったことではないかと思います。それまで全くの不信心であった私は、今から三十六年前、三十五歳のときに胃検診を受け初期胃ガンと診断されて、徳島医大に入院しました。

病院におもむく途中、人の勧めで和歌山市に立ち寄って、野際先生にお会いし、神殿において加持祈祷をしていただきました。

このときに、私が五歳のときに死別した母親（当時二十九歳、胃ガンで死去）が先生を通じて交霊され、私と同じ病魔に冒されたのは不憫《ふびん》だと、涙ながらに語り、一緒になって大神様に無事平癒《へいゆ》を祈願してくれました。

親代わりとなって私を養育してくれた祖父や、妻と幼い三人の子を思うと、たとえどんなに病が重くとも、手術をして絶対に良くなって帰ってくるのだと決心し、四国へ渡った次第です。約半月間入院し、検査ばかりの毎日でした。感傷的になっていたのか、その時六階の病室から眺めた晩秋の眉山《びざん》の美しい景色が今でも忘れられません。

入院後何日目かに、当時国内でも数台しかないといわれていた、ハイパースコープという新医療機器を飲まされ、管が喉いっぱいで大変苦しかった記憶があります。その三日後だったでしょうか、担当医から検査の結果の詳細な説明の後、「敷地さんは、今日から無罪放免です」と、退院を告げられたのでした。二重造影のレントゲンに写っていた胃ガンの影が消え、しかも医大の消化器系の先生たちが協議の上診断した結果、その症状はまったくなくなっていたのです。

相部屋であったので、とくに仰々しいことはできませんでしたが、こみ上げてくる歓喜とともに、大神様のお力を授けてくださった野際先生に、ただただ感謝し、心から合掌したのでした。

以来、心機一転、信仰のありがたさとその奇蹟を改めて認識し、人生の半ばにして貴重な体験をさせていただきました。また、それ以来三十六年間、胃の方も前にまして丈夫になり、無事大過なく過ごしていることは、すべて大神様のお陰と本当にありがたく、大きな幸せを感じています。

最後に、大神様はじめ八百萬《やおろず》の神々様、聖徳太子様ならびに弘法大師様から諸々の先祖

の霊まで、三界万霊《ばんれい》のお代様《だい》となられる野際ミネ子先生の永遠に変わらぬご健在を心から
お祈り申し上げ、拙文ながら私の体験談とさせていただきます。
合掌

野際先生の米寿を祝して

謹みて　米寿を祝い　願わくは
時空よ止まれ　白寿祝《ほ》ぐまで

万人を　救いて迎う　米寿なれば
神の御代《みだい》の永遠《とわ》にあれかし

ステージⅣ末期のガンから生還

泉佐野市　坂井重美

平成七年一月、私は、乳ガン・全身骨転移の状態で入院していました。
腰・骨盤周辺の激しい痛みに、歩行はもちろん、起き上がることもできません。ベッド

上でも骨折する状況だと医師から言われ、さらに、「本人はケロッとしているが、生きては帰れないでしょう」と家族に告げられました。甲状腺ガンも見つかり、私は、同時に二つのガンになってしまったのです。

入院する一年前の冬、初めて股関節への鋭い痛みがあり、市民病院の整形外科で、「股関節が浅い。年をとったら手術かもしれない」と誤った診断をされました。それから次々と各所が痛みだし、ペインクリニック・整骨院・針灸と渡り歩き、その年の十二月には、ぎっくり腰のような痛みが何度も襲うようになっていたのです。

そんな折、塩屋の野際つや子先生が、大阪の病院で股関節の手術をされて、予後が良好と聞き、自分の症状がガンの転移であるとは知らず、同じ病院の整形外科を受診したのです。

思えばこの病院の選択も偶然ではなく、神のお導きだったのかもしれません。ガンは、転移している末期（ステージⅣ）のため手術はできず、放射線・抗ガン剤の治療が始まりました。

ところが、予想された吐き気・下痢・発熱など一度も起こらず、食欲が衰えることもありません。結果、入院中十五キロも太ってしまいました。嬉しい誤算です。入院したとき、お見舞いに来てくれた方から、色々なお守りやお札をいただきましたが、私の心は「塩屋の先生（神様）だけで十分」と感じていたので、皆様のお気持ちだけいただくことにして、いただいたお守りで毎日体をさすりました。

すると、不思議なことが起こりました。五月十五日の「根切」の日、叔母がお参りしたら「親戚の中に重病人がいるやろ」と神様に言われたのだそうです。（ガンのことは内緒にしていたので）大変驚いて、しかし病状がどれほどなのか、そんなにひどいのかどうかもわからず、私に「根切のタオル」を届けてくれたのです。

その後も、神様は私の叔母に「病室に行くとお花がいっぱいある」と告げたそうです。入院は個室だったので、毎日自分でアレンジしたお花を飾り、確かに「お花がいっぱい」の部屋でした。叔母は病室には来なかったので、退院してその話を聞いて私のほうがびっくりし、「神様は本当に私の病室に来てくれたんだ」と確信しました。

正直言って、入院するまで神の存在を知ることもなく、ただお願いだけするものといいかげんに思っていた私が、こんなに身近に神様を感じる状況であったとは、夢のような出来事です。

神様のお言葉を聞くことができるのは、塩屋の先生のお陰です。奇蹟的に、八ヶ月の入院で痛みも消え、乳房にあったしこりも消えました。医師の予想に反して、退院して一ヶ月で、職場に復帰することもできるまでになりました。その後も今日まで、マーカーもその他数値も、ずっと正常値を保っています。

二〇〇〇年、何か身体にいい体操はないかと探すうち、「気功」と出会いました。中国医学の長い経験の中から、その養生法の一つとして生まれてきたのが「気功」です。「気」の流れをスムーズにすることで、病気になりにくくなり、その人が本来持っている自然治癒力を引き出す方法なのだそうです。また、自然の中や宇宙からのエネルギーをもらって、自然との一体化を求めていきます。ちょっとどんなことか想像しにくいですね。

中国へ気功の研修旅行に行ったときのことです。北京の天壇公園にある、「七つの星」にみたてた石の前で手をかざしてみると、手のひらから指先に、チリチリと電気のような刺激を感じました。天壇公園とは、中国歴代の皇帝が、天の神を拝みながら国を治めた場所です。

また、これは母の体験ですが、伊勢へ旅行することになった当日、急に肩が痛くなりバッグも持てなくなりました。朝一番に、近くのペインクリニックでブロック注射をして出掛けましたが、痛みはずっと続いたまま。そこで何気なく、伊勢神宮の外宮のあるお社（多賀宮？）の前の大木に、母が手をかざしてみたら、手のひらに何かピリピリと感じたようです。
「今、ビリビリとなにか来たよ」
「お母ちゃん手を上げてみて」

するとどうでしょう、痛かったはずの手がまっすぐ上にあがったのです。ビックリして大喜びしました。神の世界と、天のエネルギー（気）の世界というものを二人で体験したのです。同じようなビリビリ感は、時々この塩屋の神前でも感じます。「気」を感じる体験をした結果、神の気も感じやすくなっているのかもしれません。

九月、大阪国際会議場において、乳ガン患者会「あけぼの会」の大阪講演会で、「骨転移からの病」というタイトルで、私の、十年目になる乳ガンの体験を発表させていただきました。

大阪成人病センター名誉総長の小山博紀先生も講演でおみえになっていて、私の病状の話をしたら「そんな人には会ったことがない。きっとすばらしい遺伝子があるはずだ」と言っていただき、感激しました。

私のような治療の仕方はレアケースで、回復は奇跡的といわれていますが、これも、神々のお力をお借りしてきた結果だと信じています。これからも神々へ感謝し、「気」を養いながら、元気に生き続けていきたいと願っています。

通りかかった医師が次々と協力

本宮町　藤浪かとり

「教えて」と聞くと、すぐに答えてくれる。我が家では、父がいれば辞書はいらないと言い合う、自慢の父でした。その父が入退院を繰り返すたびに、野際ミネ子先生とおじちゃん（野際栄造様）にお世話になりました。

病院から何度もお電話させていただくたびに、おじちゃんは、

「夜中でも、どんなときでもいいから電話しておいで。がんばれよ！」

そう言って励ましてくださいました。

入院中、いろいろなことがありました。骨折をして、手術を終えた医師が言うのです。

「私は縫合のとき、皆さんに同じようにいたします。しかし、今回それ以上に丁寧になったのは不思議です。どこの大病院へ行っても負けないくらいですよ」

すぐ先生にお電話させていただきますと、

「手術中、神様が執刀医の手について下さったのですよ」

そうおっしゃってくださいました。

またあるとき、父の容体が急変し、私は担当医師のところへ走りました。どのように走ったか夢中で、定かではありません。医師のところまではかなりの距離がありますし、あまり通らないところです。

慌ただしい雰囲気が続く中、通りかかった医師が次々と協力して下さり、懸命に処置をしてくださいました。

「その時間帯に、三人もの先生方がそこに居合わせたことが、不思議でしたね」

担当医からそう言われました。そして、「あんたみたいなの初めてや。よう呼びに行って来たね」と看護士さん皆から言われ、医師には、「あと十分遅かったらダメだった。よく来たね」と言われました。「早く行きなさい!」と、私の足に神様がお付き添いくださり、信じられない速さで走らせて下さったのです。

母と何度も話しました。今でも、私がいつ行って来たのか、不思議でならないと母は言います。それから母と私は、寝られず、食べられずの日々が続きましたが、「もう一度、父に元気になって家に帰ってもらいたい」その一心で神様にお願いしました。野際先生はいつも、「大丈夫よ」と、優しくおっしゃってくださいました。

お陰様で、半年後には家に帰ることができ、神様は、それから八年もの命を父に授けて下さいました。思い出すたびに涙が溢れます。

「自分は神の子である、ということを念じて生きる」

そう教えて下さった先生の言葉を胸に、神様に生かされていることを大切にして、歩いて参りたいと思います。心より感謝申し上げます。

野際先生にお会いさせていただき、神様が本当にこの世にいらっしゃるのだと教えていただき、神様とお話をさせていただいたとき、喜びと驚きとで胸が一杯でした。たくさんの不思議なお話、神様のお話を聞かせていただきましてから、私たち家族は、四十年近くも先生のお導きをいただきまして、ここまで来させていただくことができました。

身体の悪いとき、辛いとき、苦しいとき、どんなときでも神様は助けて下さいました。

十五日の神様のお祭りの日、家族が会いますと、今でも話をする不思議な事があります。

父の葬儀のときでした。我が家は神式で行いますので、本宮大社から神主さんがおいでてくれます。神主さんから「電気を消してください」と言われ、係りの人が明かりを消してくれました。

そして、御霊《みたま》移しのそのとき、消された電気が一瞬パパッとついて、なんともいえない光が見えたのです。本当に一瞬の光でした。それは、私たち家族四人だけに見えたようで、他の方に聞いてもそのような体験はしていないとのこと。野際先生にお話させていただきますと、

「神様がお父さんを、光に向かって、高い明るいところへ一直線にお導きくださったのですよ」

そうおっしゃってくださいました。私たちは、このありがたい出来事を一生涯忘れません。

その後、先生とお話させていただいているときに、父が先生のお身体をお借りしまして出てくれたこともありました。嬉しくて嬉しくてたまりませんでした。話の後、父は私を守ってくれると約束してくれ、「また会おうな」と言ってくれました。野際先生でなければ、お話させていただくことはできなかったでしょう。どうか父とまた、お話しさせてください。父も楽しみに待ってくれていると思います。

世界一の神様にお逢いさせていただいた喜び

和歌山市　藤浪涼子

ある日、夫が、背中が痛いと言いましたので、本宮町萩の医師に診察を受けました。そこで、一度和歌山で検査を受けるように勧められ、早速、和歌山労災病院に行って診察していただき、二ヶ月目でやっと、膵臓《すいぞう》が悪いと診断されました。

私もひどく驚いて、電話で「野際先生に診ていただくように」と伝え、その日すぐに、お加持をしていただきました。病院から医師の許可を得て、幾日か野際先生にお世話になりました。

その後の医師の診察の結果、「腫《は》れていた膵臓が小さくなっている」というので、当人もびっくりしたそうです。退院させていただいた後も、野際先生とご主人様（栄造様）のもとで、毎日お加持をしていただき、元気に家に帰らせていただきました。家族皆で、よかったわねえ、ありがたいねえと大喜びいたしました。

感謝の気持ちを忘れず、これからも野際先生の神様の下で信仰させていただこうと、皆で誓い合いました。それからもずっと、いろいろなことで今日までお世話になっております。どうぞ、先生のご長寿を心よりお祈り申し上げます。

ご加護をいただいてありがたかったこと

和歌山市　松前香賀

いつも神様にお見守りいただき、本当に感謝しております。

息子がバイクに乗っている日のこと、道路を走っているときに、自分の前方を大きなダンプカーが走っていたそうです。なにか落ちてきそうな予感がして、「恐いなあ」と思い、一時避難のつもりで近くのコンビニの駐車場に入って、少し時間をずらして走ることにしました。

しばらく待ってから走り出しますと、なんと先ほどのダンプカーが道に止まっていて、落下物を拾っていたとのこと。バイクで落下物に当たったときのことを考えると、身の縮む思いがいたします。そのうえ、その出来事を母親の私に話してくれたことが、私にとってどれほど嬉しかったことか。神々様に何度も手を合わさずにはいられませんでした。信仰心のある息子ですので、神々様、ご先祖様にお守りいただけたのだと、心から感謝いたしております。

どうぞこれからも、家族皆が安全に健康に生活できますように、神々様のご加護をよろしくお願い申し上げます。アレルギー体質の息子で、親として、なんとか完治させてやりたい一心です。お力をくださいませ。

末筆で申し訳ございませんが、大先生の御長寿をお祈り申し上げます。

息子の友人の視力が回復

本宮町本宮　塩崎稔弘

昭和五十九年ごろ、小学校五年生だった次男が、自宅で友達と空気銃で遊んでいたときのこと。次男が撃った弾がその友達の目に当たるという事故が起こりました。空気銃は玩《おも》具《ちゃ》だったけれども、襖《ふすま》を貫通するほどの威力があったのです。

病院で診察してもらったところ、「眼圧が下っており、視力を調整する部分が切れている状態で、それがつながったとしても、将来、視力は眼鏡などで矯正しても〇・八くらいまでしか回復しないだろう」という診断でした。病院をいくつか回っても、どこもほぼ同じような診断だったので、結局、近くの病院で投薬などの治療を受けることになりました。

最後の望みにおすがりする気持ちで、薬を飲むときに神様のお水で薬を飲んでもらったり、お水を目に直接、目薬のように点眼してもらったりしたのです。

二週間ほど過ぎたころの診察では、眼圧が更に下り、色の識別ができなくなってきていました。しかし、その次の週に診察を受けたときには、

「切れていた部分がつながってきた。若いせいかもしれないが、普通はつながらないのだが…」

と、医師もとても不思議がっていたほどに、回復の兆しが見えてきたのです。

それから治るまでの間、次男は毎朝欠かさず、本宮さんにお参りをしました。また、私ども夫婦も自宅で高彦王大神様に治していただけるよう、一生懸命お願い申し上げたのです。

そしてなんと、完治は難しいと言われたケガが、ついに治ったのでした。

この奇跡は、神々様のお力によるものだと、大変有り難く、感謝申し上げております。

次に、これは私自身の経験です。

昭和六十二年九月ごろ、歩くときに右足が痛み、左肩が下がって、腰に歪みが出てきました。病院へ行くと、よほど悪かったのか緊急入院をすることになり、医師からは、

「椎間板ヘルニアで、椎間の軟骨が潰れている状態です。手術より他に回復する見込みはない。回復しても今までのような仕事はできない」

と言われたのです。それから半年間、入院生活をすることになりました。入院中、医師から何度も手術を勧められましたが、電話で高彦王大神様にご相談したところ、「まだ手術をする時期ではないので、しなくてもいい」とのご返事で、お守りをつくっていただいたのです。

それで、手術の日取りまで決めていましたが、大神様のお言葉に従い、手術を取り止めにしてもらったのでした。

入院中は毎日腰の牽引《けんいん》を行い、外出許可が下りたときには灸なども しました。また、年末年始で自宅に戻った際には、小麦粉にいろいろなものを混ぜて、練ったものをビワの葉につけ、それを腰に貼りつけるという自然療法を試みました。この小麦粉を練る際にも神様のお水を混ぜ、神様にお願い申し上げてから貼り付けたのです。

病院に戻って再度診察を受けると、医師は、

「どうしてこんなに治ってきたのか不思議だ。この状態なら、手術をせずにこのまま様子を見ることにしましょう」

と言われるほどの回復で、三月に退院することができたのです。

それからしばらく経って、主治医の先生に出会ったときには、

「あんな状態からどうして治ったのか、不思議で仕方がないので、もう一度診察させてほしい」

とまで言われたのでした。

退院後、高彦王大神様のもとへお礼にうかがった際には、ご神前で「ポコッ」というような音が聞こえて、驚いて野際先生に尋ねたところ、

「神様が大変喜んでくれているんですよ」

と、教えていただきました。現在では、普通に日常生活をさせていただいております。

そのほかにも、さまざまな体験があります。

神殿にお参りに行ったとき、「学校の先生をしている人から、車酔いで困っており、なんとかしてほしいという相談があって、高彦王大神様が酔い止めをしてくださった」というお話を伺いました。

私も今まで、ずっと車酔いに悩まされていたので、どうか酔い止めをしてほしいとお願

い申し上げたところ、それ以後、まったく車酔いをしなくなりました。

毎年新年に、交通安全の新しいお守りをつけるために、前年のものを取り外しますが、古いお守りは新しいお守りに比べて、軽くなっているように感じます。一年間、それだけご守護いただいているのだと、改めてありがたく感じます。

朝起きたときからひどい頭痛が起って、なかなか治らないので、先生にお伺いしていただくと、「歳破金神さんを穢《けが》しているので、金神さんがお怒りになっている」ということだったので、高彦王大神様からお許しを請うていただきました。私自身も、お許しをいただく方法を教えていただき、それを行ったところ、頭痛はすぐに治まったということもありました。

このように数々のありがたい体験をさせていただき、とても幸せなことだと、信仰を新たにしております。

第四章　神々の霊言

高彦王大神

他の神々様も、今たくさん来られています。弘法様のありがたいお話をお聞きしたいのは、皆様方生きたお人ばかりじゃありません。亡くなって、仏の世界に入っておられる方々もたくさんおいでなのです。なぜかというと、やはり、仏の道に入っている方々もまた、自分でもできるだけ良いところで生活したい、ちゃんとした仏の道へ入りたい、そのようなご希望を持っておられるのです。ですから、弘法様のありがたいお話をお聞きしたいというので、たくさんこちらへおいでなのですよ。

その聞いておられる仏さんが、もし邪《よこしま》を持った仏ならば、苦しみ悩んで、この世にいろんな苦しみを残している仏ならば、自らの過ちに感づいて、自分から悔い改めて成仏してくれることと思います。

これは、仏になった方のためにも、良い供養じゃったと思うんです。

やはり、仏さんでもいろいろあります。まあ、言ってみれば、まだ迷っている仏、そういう仏が、死んでから何年経っているかわからないのに、まだ迷っている、うろうろしている。そのうろうろしているやつが、やつなどと言うと悪いけれども、皆様方に「なんとか助けてください」と取り憑くのです。取り憑かれると、憑かれた人が苦労する。憑かれたために病気をしたり頭が重くなったり、痛かったり、いろんなことがあるんです。

この前、十五日にここへ下った仏は、かつて人間だったとき、高いところから落ちて頭を打って死んだといいます。その仏に憑かれた人は、三年間頭痛で苦労していた。

仏はここでようよう反省して、「すまなかった」というので、行をして、本人とお母さんとお姉さんとが、ここへちゃんと来て仏と出会うた。お詫びをした。それで、三年間痛い痛いといっていたのが、コロッと治ってしまったんです。皆さん大変喜んでくれてね、この方は田ノ浦というところから行商においでて、「残りもんだから…」と言うて、お魚を運んで来てくれるんです（第二章の「お兄さんに憑いた亡き弟さん」の話を参照のこと）。

それも誠に気の毒だから、持って来んようにとお代《だい》（野際ミネ子）が言っているんだけども、持ってくる本人は、助かったことが嬉しい。嬉しいから、こんなにしなければおられない。

「どうぞ、こんなん要らんやろうけど、受け取ってください、受け取ってください」

と、喜んで持って来るんです。これが本当の真心であり、喜びであり、また仏に対しての供養であろうかと思います。

この仏さんも大変喜んで、自分の不孝を詫びてきた。これで気が済んだということでありましたよ。それから、兄さんに憑いて、兄さんが頭痛で苦労しているのを知らなかった、悪かったといって謝ったのです。謝ったらケロッとして、兄さんは治ってしまった。こんなことがあるんです。

このように、なにも悪気はないんだけれども取り憑いてしまう仏もあるし、また、わかっていて「この人を苦労させてやれ」と、まあ、生きていたときの敵というか、敵討ちの気持ちで憑いて、苦労を余計にさせる者もいますから、そういう仏が苦しめているかもわかりません。

しかし、「人を恨めば穴二つ」といって、そんなことをしていると自分が絶対に成仏できない。善い仏になれないんです。善い仏になったら、そんなことして人に憑いたり、虐《いじ》めたりはしない。低いところにいるもんでなければ、そんなことはしないし、できないのです。

高い上のほうの、明るい、いい極楽へ行ったら、人のところへ障《さわ》りに来ない。だから、成仏した仏は絶対に人に憑いたりしません。憑くっていうんだったら、その人を守護して守ってあげようという、守護霊になって憑いてくれる。行して偉くなったら、自分たちの子孫や親しい者を守ってあげよう、守護霊になって守ってあげようというのが、先祖の方々のお力と想いなんです。

　ところが、下の方にいる者は、守ってあげようと思っても、自分の力がない。守ってあげるどころか、足を引っ張ってしまう。仏で苦労している人があったら、自分たちも苦労せないかん。できるだけ供養してあげて、できるだけ早く上へ行ってもらわないかん。上へ行って、自分たちの足を引っ張りに来んように。そうすると、この世に生きている人は心配なく幸せになれる。

　足を引っ張られて、苦労のところへ引っ張っていかれて、頭が痛い、腹が痛い、あるいはこんな苦労もする、あんな苦労もするというようなことがないように、皆様方がこの仏さんを、近しい仏さんでも、遠い仏さんでも、何年経っておっても苦の世界にいる仏さんを、できるだけ上へ、神さんの力で上へあげてもらう。

　自分の信仰で、向こうへ行かせてあげようと、そのように思って供養してあげていただきたい。そうしたら、仏さんも上へあがった後に、

「ありがとう。私もまた力ができたから皆を守ってあげますよ」

というようになる。そうなればお互いに幸せになれる。引っ張り合う絆《きずな》というのを善い方へ持ってくる。悪い方の絆では皆様方が幸せになれない。極楽から引っ張ってくれればいいけれども、地獄から引っ張り込まれたら、知らないうちに地獄に落ちていく。

……亡くなってから十三年経った仏が、地獄に落ちたのです。自分が生きているときに悪いことをして、それで地獄へ落ちたのかというと、そうじゃない。自分の先祖が悪いことをして地獄に落ちて、その先祖に引っ張って行かれたのです。

自分が息を引き取って、ウヤムヤな、つまり目の不自由なような状態で、探り足で歩いているときに、地獄に行っている先祖が、

「こっちにこいよー」

と、引っ張っていったんです。それで、暗い暗い地獄へ引っ張っていかれてしまった。それが明るみに出た。なんで明るみに出たかというと、その苦労をなんとか助けてほしかったんだね。

その仏の娘がお嫁さんに行って、そのお嫁さんにできた子が、二人とも三つ口だった。不具の子ばかりできるから、「こんな嫁はいらない、もう帰れ」と義父と夫に怒られた。辛くてかなわないからと神様にお参りした。そうしたら、「あんたのお父さんが地獄に落ちて

いる」と言われたのです。

地獄に落ちるとは教えてくれても、どうしたら浮かばれるかとは教えてくれない。辛い辛いと、お母さんのところへ手紙が来ました。そのお母さんは、こちらへお参りする人と友達だったので、その友達に相談して、そんならここへ行こうか、と連れて来たんです。

お伺いしてみたら、その先祖が比丘《びく》（お坊さん）殺しの殺人犯の中に入っていた。そんな悪いことをしたために地獄に落ちていた。その人に足を引っ張られて、十三年前に死んだ娘さんのお父さんも地獄へ落ちてしまっていたんです。

それを浮かばせてあげなければいけない、ということで、一週間、お友だちやら、お母さんやら皆が来て、お心経をあげて、他力で、自分の行ではないけれども、こうして一生懸命に行をしてあげて、やっとその仏さんが出てきたのです。

最初出てきたときは、一言ものを言えない。暗い暗いと思っていただけです。ところが、次に出てきたときは、あまりに明るくてびっくりして、眩《まばゆ》い眩いでかなわん。眩いとは、明るいところへ出てきたというわけだけれども、こうやって良いところへ行かせてもらって、大変喜んだのです。

このように、自分が悪いことをしたのじゃないのに仏に連れて行かれる。自分の先祖に連れて行かれるというような、本当に可哀想な話があるんです。だから、地獄に落ちているような先祖があったら、いつそんな人に連れて行かれるかわからない。だからやっぱり信仰して、全部の先祖の方に良いところへ行ってもらわんといかん。

追善供養というものをしたり、また自分も信仰したり、神々にこうして拝みに来るとかして、「先祖の方々もどうぞ良いところでお暮らしください」というお祈りをしてあげて、良いところへ行ってもらう。良いところへ行ってもらえば、その先祖に連れて行かれた先は良いところなんです。

まあ、こうして神さんにお祈りをしていると、神さんにも良いところへ連れて行く助けをもらえる。言うなれば、良い霊界に親類をつくっておくということです。できるだけ、霊界において良いところへ行けるような修業をしてくれる、そのように導いてくれる神や仏への縁をつくっておくこと。それがまた、一つの信仰の道なんです。

（昭和六十二年七月十五日）

国常立之命

神がどこにあるのだろうか、あっちじゃろうか、天にいるんだろうか、それともないんだろうかと疑う方が多いかと思います。神もまた同じくその通りです。

皆様方がようようと、あの高いところへお参り下さっても、「ありがとう。気をつけて帰ってください。守護致しております」と、言《こと》の葉を申し上げられない。ただありがたい、嬉しい、その言葉をどうやって告げればいいかわからない。伝わらないんじゃなかろうかと思ったりもいたします。

しかし、今日はこうして、声高らかに、皆様方の前でその礼を申すということができた。嬉しい。嬉しいという一語に尽きます。代《だい》（野際ミネ子）がわざわざお山を越して来てくださったこと、それが本当に嬉しかった。感激の一語に尽きます。

本宮の皆様方も、こうして神の鎮《しず》まる御土地として、全国に知れ渡った熊野路《くまのみち》、そこにお住居なさる皆様方は、神の子として、幸せに恵まれた生活を送られていますが、どうぞ神と人とは一体であるということをいつも心に念じて、神は遠いところにある、高いところにある、という認識を忘れ、神はいつも自分の体にある、自分の体の中に入って守護してくれておるのだ、ということを、心に念じていただきたいと思うんです。

高彦王大神様がいつも申されるには、テレビというものがあっても、スイッチを入れぬ限り、そこに箱を置いているのと同じこと。しかしスイッチを入れ、波長を合わせると、映っている姿、声が出てくる。信仰もこれと同じことで、神に手を合わせるということは、スイッチを入れることだと申します。心を合わせて波長を合わせれば、いつも心の中に神がスーッと入って、そして皆様方を守護してくれるのです。

高彦王大神様が申されておる通りです。皆様、神は遠いところにあるんではない。高いところにあるんだ、あのお山の上にあるんだという思いこみを忘れて、いつも親しく、神は自分の中にあり一体だ、ということを念じていただきたい。

そして、嬰児《みどりご》が乳を欲しがるときに甘えるように、小さいお子さんが「お母ちゃん」と甘えるように、同じように甘えてほしい。

「神よ、私は今こうして困っておる、なんとかしてください」

その切実なる願いは神に届く。そうすれば、なんとか助けて上げたいという気持ちになるのですよ。

しかし、神も仏もあるもんかという心に対しては、反射的にそれができないんです。皆様方が鏡に向かって、鏡の表を見るとき、自分の姿は「めっ」とすれば「めっ」とし、ニコッとすればニコッと笑う。けれど、その鏡に映る姿は、裏返しにしたら、自分の姿も顔もまったく映らない。神に対して、いつも鏡を表向きにして願っていただくならば、そのことが、皆様方の真心が天に通じ一体となることなのです。どうぞ、お願いごとは遠慮なく、掛けていただきたい。高彦王大神様は、その念願をもって天下った神であらせられるのだよ。

終戦当時、本当は敗戦当時、戦争に負けたときです。日本は神の国であり、戦争に負けるものかという意地を持って一生懸命やって、そして負けてしまった。アメリカは大国だったから、赤子が大人に向かっていくようなもので、本当はこれは致し方なかった。けれども、一生懸命に念じていた日本の方々は、こうして負けるのだから、神も仏もあるものか、神は本当はいないのだ、神さんが本当にあったら負けたりするものか、というような自暴自棄に陥った。

それではいかん、やけくそになってはいかん。もういっぺん、神というものがあるんだということを、しっかりと心に植えつけたい。

その念願をもって、高彦王大神様はこの代を探し当て、お下りなさったのです。その高彦王大神様の真心、人々を思う神の心、それを感じることは、こちらにおいでになる大神様方も、日本国土を守る神々も同じことにございます。その真心を入れなされて、皆様方はその大神様の厚きお情けにすがり、いつも念じお願い掛けをする。本当に親子の間柄であるように心やすく甘える。これが結構なことかと思います。

ご信仰を得、もうご縁を得た皆様方、和歌山市内の方ばかりでなく、大阪、奈良など、遠いところからわざわざお参りなさる方もある。地元の人でなくても、この本宮の方々も一生懸命にご参拝なされておられますが、参拝のできない方も心を一つにして、神に願うならば同じかと思います。

いついつまでも、神と一体ということを心に入れて、清々《すがすが》しき心を持ち、しっかりとした信念を持って、幸せに、健康に恵まれて過ごしあらんことを乞い願いあげ奉らん。

（平成六年六月十九日　奈良県十津川村　玉置神社ご祭神）

熊野権現

権現の宮のため一方《ひとかた》ならぬご厚情をいただき、お力添えをいただく、また深く信仰いただくことは誠に嬉しく、この機会をもって厚く御礼申し上げます。いつもお世話にあいなりながらも、皆様方にはこうして言の葉をもってのお礼はならず、参拝いただいている皆様方のお姿に対し、嬉しく手を合わせるだけのことにございます。しかし今日は、こうして親しく御礼《おんれい》申し上げることができ、本当に口が利けないものが、ものを言えたというようなこと、心から嬉しくお受け仕《つかまつ》る。

いつも和歌山の方へ参りまして、高彦王大神様が、親しく皆様方と膝を交えてお話しなされておられる姿に接し、羨《うらや》ましい、本当に羨ましいということを心に感じながら、立ち帰ることでございます。

こうして神が皆様の前で言の葉を申されることは、これは代《だい》（野際ミネ子）がなくてはできないことでございます。弘法大師様も仰せられておられますが、いつも年に一度、たくさんの方々が御山へお参りなされて、お立ち帰るその後ろ姿にいつも手を合わせますが、言葉を掛けることもできない、ありがとうとも、お達者でとも伝えられない。それがもどかしくて仕方がない。いつも一の橋までお見送りするけれども、それを喜びとしながらもお言葉にはできない。

それはいつも悲しいことじゃと思っている。しかし、こちらへ来たときに代のお口を借りて皆様方と膝を交えて、人と人との交わりのように口をきかしていただき、一時間の間、一生懸命のお講話をしていただく。これは本当に代あってのことで、代が百の齢《よわい》まで生きてほしいという言葉を、いつもお聞きしては、まことにその通りだということを、権現も身にひしひしと感じる次第でございます。

こうしてお代様もお元気になられて、こちらへ参ってくださいました。そして皆様方にこうして言の葉をお伝えできるということ、権現一番の喜びにございます。

昨日は主だった方々がお代とともにご参拝くださいまして、宮司が喜んでお見送り致しておりました。その姿を見て、心から嬉しく御礼申し上げた次第ですが、今日は改めて皆様方の面前におきまして、晴れてお礼やらお話やらをできることは、代があればこそということを、しみじみと感じる次第でございます。

いつも深くご信仰いただくこと、とても権現は嬉しく思います。これから先も、氏子《うじこ》と神は親子の間柄。愛しき子を守るということにおいては、皆様方と同じことですから、これから先も一生懸命、当地の方々、また遠くあまねく方々とも合わせて、守護致すことを約束させていただきます。本当にありがとうございました。

敷地様、誠にありがとうございました。こうしてお代様をようようお迎えにお出でいただき、お呼びいただけたこと、誠に嬉しゅうございます。雨の中をご案内いただけましたことを厚く御礼申し上げます。皆様方、どうぞ暑さに向かう折柄、お気をつけてお過ごしあらんことを乞い願います。

（平成六年六月十九日　熊野本宮　大社の大神）

實行教管長

さすがに私が見込んだ野際である。嬉しいぞよ、嬉しく思う。私は實行教十四世を受け継いだ教祖です。

当時は、戦争のいろいろな苦労もありました。教会は焼け落ち、東京から埼玉へと移り、復興に尽くしました。縁あって野際がこの實行教に入会して来ましたときに、私はこの野際こそが、神にふさわしい人間だと思いました。

一度この教会に参り、皆様との面会を致したいと思っておりましたが、それもならず、誠に残念でありました。皆様、どうかこの、日本の古い神の道を歩いていただきたい。今日は、このお祭りの立派な儀式を見るにつけ、心から嬉しく思います。

これからも本当の信仰、一筋の神の道を歩いてください。心から天祖大神様方を、神道を守り、そして、この代を守り盛り立ててください。嬉しゅうて、嬉しゅうて、どうしても出てきてしまいました。皆様方の幸せを一生懸命見守っております。辛いこと、悲しいことに打ち砕かれずに、がんばってください。

（平成七年十一月十五日）

聖徳太子

聖徳太子が、今日は皆様の前にて言の葉を申し上げること、誠に嬉しく存じます。

今の天皇は万世一系のお位で、国民の方々の心からなる崇敬をいただいて、幸せにお暮らしでございますが、聖徳たちは生まれたとき、天皇という位はあっても、それだけの力がなかったのです。

お人の皆様方のお力をいただくことも、お慕いいただくこともできず、世は荒れに荒れた時代でございました。だから、聖徳の父親も、用明という三十一代の天皇ではありましたけれど、皆様から崇敬いただくという力もなく即位もない、そのような時代でした。

私が生まれたときは、位はあっても、あちこちで戦《いくさ》が多かったんです。戦については詳しくは話しませんが、私が生まれてから、父親が亡くなりました。母親も亡くなり、そのことを考えると、本当に今の世の中、日本の国は幸せなものであると、いつもそう思っております。

そしてまた、この代《だい》（野際ミネ子）にご縁を得ることができました。高い位の神々様が、この方（野際つや子）に付いておいでなのを見て、「どうしてこのような神々様が付いておられるのだろう」と思って、ここへ参らせていただいたのがご縁でした。

そのとき初めて人の言葉を、お人にこうしてお下りして、言えることになりました。自分の思うことも、昔の話もできることになりました。本当に嬉しいことにございます。今祀られている奈良の方にいても、人に下ってものが言えないんです。ここへ来てから、こうして皆様方にものが言えました。ご縁をいただいたこと厚くお礼申し上げます。

弘法大師さんのこと、いつでも聖徳はね、空海殿と申し上げております。

空海殿と一緒に、こちらでまた一晩厄介になって帰りたい。それだけのお話をしたい、そう思っております。こちらに神々様がおられますので、神々様とも、一緒にお話をしたいと思っております。ご縁をいただいた皆様、本当にありがとうございます。長い間、お話しせよと申されても、言葉が続きませんので、ご挨拶をしたい気持ちを持ってまいりました。

人との交流、心を打ち明けてのお話、本当に嬉しいことにございます。こうした世の中になって、日本が平和に、あまり平和になり過ぎまして、この二、三年の間に平和になり過ぎて、どうもお子様方、親御さんとの間がうまくいかない。お子さんが少し、大人ぶってきたのかもわかりませんけれども、なにか反対が多い気がします。

昔と同じような状態になるんじゃないかと思って、いつでも気を病んでおります。皆様も、毎日の新聞をご覧になりましたら、いつもそう思われているんじゃないかと、そう聖徳は思います。この世の平和、また家庭の平和は、親子の間の親密なつき合いが大事。親は子を思い、子は親を敬い、温かい愛情をもって家庭を建てていって欲しいと、そう思うんです。

そうでないと、日本の国は平和でいいけれど、それに慣れてしまって気儘《きまま》になってしまう、それが聖徳は心配です。私の育ったころのように、あまりに極端になり過ぎたんではないかなあと、そう思うんです。

人と人との愛情。敬愛という言葉。子は親を敬うということ。親は子を愛するということ。これはどこの家庭でも同じことですし、それが当たり前のことなんです。しかし、今の世の中は子が親を敬うということを忘れかけておる。また親も、子が夜泣きしたら煩《わずら》わしいなあと思って、窓から放り出すようなこともある。

子供同士が、ただの言い合いとか、ケンカで、一つくらい頭を張っても（叩いても）しかたがないけど、それで傷つくような状態になっては、また刃物を振り回すような状態の世の中になるとは、本当に心配です。聖徳の生まれたころのことを思い出してしまいます。平和な国になってほしい。戦争のないこの平和な国を、もう少しがんばって、心も平和な国にしてほしい。家族もみんな助け合って、親は子に、子は親に、感謝をもって務めを果たしてほしい。そういうようなことを思うんです。これはどこへ行ってものが言えない私が話す、心からのお願いです。ここでしか話せないことです。

このお代様のお口を借りて、このようなお話をしまして、迷惑なことでしょう。迷惑を掛けたことをお許しください。皆様元気で、幸せに助け合って、助け合って…（涙を流される）。安らかに暮らしてください。

（平成十五年七月十五日）

天御中主大神

ここに御霊《みたま》を入れさせていただこう。
皆様方の幸せを念じ、エイ、エイ。

空晴れて　のぼる朝日の　さわやかに
光差し入る　おのが住まいよ

（おふせの術、火の元に気をつける）

ここにつくらせていただきましたおみかげに、天祖参神、またこちらの守護神高彦王大神、あらゆる神々のお九字を入れておきます。どこへお出でになって、お参りになって、お札《ふだ》を買ってくださっても、このように、神自身が御霊を入れた、というところはないと思います。

また、こちらでつくってくださっておられるお車のお守りも、こうして神々が一生懸命のお祓いをしております。

成田のお不動様へお参りなさって、お車のお祓いをしていただき、また五千円、一万円を出してお札を授かり、お守りを買っても、残念ながらこれはお不動様自身がお祓いしているのではないのです。

宮司さんが一生懸命やってくれるけれども、これは不動さんが「自身ではしてないのだよ」とおっしゃったことがある。申し訳ないがその通り。しかし、ここでは皆様の目の前で、こうして神が一生懸命に、皆様方の幸せを願ってくださる。どうぞ、この心をお入れいただきますように願います。

高彦王大神様もこちらへお下りなされてから、皆様方の親御として、一生懸命つとめておられます。また、その誼《よしみ》と申せば口はばったいが、天祖参神、このように新しい年に当たり、一心込めて、この御霊を入れさせていただきました。どうぞお持ちくださらんことを乞い願います。お幸せを。

（平成六年一月十五日）

あとがき

著者・野際ミネ子

和歌山市へ出てきて、初めて本格的に神様をお祀《まつ》りし、本庁の方へも修行に行かせていただきました。男性の方ばかりで、女性は私一人でしたので少々恥ずかしかったのですが、その分管長様や皆様から労《ねぎら》っていただきました。

尺板《しゃくいた》の使い方、立ち居振る舞い、歩き方、神様へのお供えものの運び方まで教えていただき、来させていただいて良かったと心から嬉しく、感謝したものでした。本庁の大神様は天祖の参神様で、共に富士山山頂まで登ったことがあります。六合目で一夜泊まり、朝三時に出まして山頂に着き、日の出を拝ませていただきましたときは、ありがたくもったいなくて涙しました。

そのときの写真は、今も大事に置いてあります。三等補教から訓導と、地位も十六段ほどあるなか、最上の大教正をいただいておりますが、私などなにもわからないのにと思うと、もったいなく感じます。あと何年、神様や皆様とおつき合いできることだろうか、と思いながら、神様にもお参りの皆様にも感謝の日々でございます。

よちよち歩きのころから、神様をお祀りして一人で遊んでいたことを、今でもはっきり憶えています。私は一生、神様とおつき合いするようにできているのでしょう。

出版にあたりましてご協力いただきました皆様、本当に、ありがとうございました。

編者・野際つや子

このたび、たま出版にご縁をいただき、念願の書籍刊行を実現できる運びとなりました。八月以来、義母《はは》上に聞いたお話や、また書いた文などをまとめ、今ようやく三十項目を超えるところにまでなりました。しかしそれでも、ありがたかった尊いできごとのほんの一部しか書けておりません。

私自身も、これまで危ない命を三回も助けていただき、今日《こんにち》があることは、大神様の偉大なお力をいただいてのことと、毎日感謝するばかりでございます。

いつのことでしたか、数年前、月例祭にご参拝の方々に対して高彦王大神様がおっしゃいましたことは、今も忘れることがありません。

「皆さん、近頃のこの異常と思える自然の気象やできごとをなんと思いますか。事態はもっともっと大変なことになるやも知れません。あなた方は実に稀有《けう》な時代に生まれ合わせています。これから起きるいろいろなことを、肉体を持って見、体験できることは、そんなにあるものではありません。その眼をしっかりと見開いて、よくよく見るのですよ。じっくりとよくご覧なさい」

というような意味のお言葉でありました。

また、平成七年の一月十五日のお言葉も思い出します。

「地上は依然波高し、皆々様の苦労は絶えないことと思う」

このお言葉の二日後の朝に、神戸での震災があったのでした。

平成十六年の台風上陸の数とその被害は、想像を超えて激しいものでした。しかしそれに驚く間もなく、十月二十三日には中越地震までも発生、大変な余震の数々。そのうえ雨までも加わり、被災地の方々を思うとき、なんと言っていいのか言葉もありません。

本当に今、私たちは、とても異常な時代に入って行くと感じ、身が震えるようです。地震発生の前日から読んだ、『人間塾』という本と、あまりにも符合するところがありました。

「今、地球と人類は有史以来の大転換期に差し掛かっている。この現実を一人でも多くの人に知ってほしい…」

まさにそのタイミングで、実際に目にしたこの偶然に驚くほかはありません。もし読むのが昨年でしたら、そんなに感じなかったでしょう。「そうですね」と思うくらいでしたのに。

今回は新潟中越であっただけで、大災害はいつどこで起こるか分かりません。他人事ではありません。これからもっと大きい災害があったときに、私たちはどのようにしたらいいのか。その答えは、一人ひとりの心の中にあるのではないでしょうか。

弘法大師様の「この世は苦の世界、修業の世界であれば、この世の方が短い。あの世は長い。そのあの世の長い生活を、楽に、幸せに、明るいところで暮らしていただければと存ずる次第。…どのようなときでも苦と思わずに、『これで一つ戒めをいただいたんだなあ、悟れという知らせを受けたんだなあ、これで自分も大人になれるんだなあ、ありがとうございます』というような気持ちになる。こうして、日々を喜びと感謝で暮らせるようになったら、本当に皆様方は、神や仏と一緒の心になれるんです」というお言葉が、胸に浮かびました。

新潟での被災者の方々の中に、パンをほおばりながら、「昨日から食べていませんでした。美味しいです。ありがたいです」という女性の笑顔に涙が出ました。その方から教えられる思いでした。

たま出版の中村専務様から、司馬遼太郎著の『空海の風景』以来、本物の弘法大師の本に巡り合っていないので、ぜひともこの霊言集を本にしたいとのお言葉を受け、私も難しい司馬さんの本を読みました。そのなかで感じたことは、いつも私たちの前にお下りのときのお言葉とは違って、実に高い知性と、実行力のあったお大師様だったということでした。

先日、ここ和歌山にての「空海展」初日に行き、御筆国宝、聾瞽指帰《ろうこしいき》を拝見しました。千二百年を越えて私たちにお残しくだされた文字に、ただただ見入るばかりです。便利堂の、やや縮小して複製されたものを机の上に置き、時々見ていますが、時空を超えてご本から、大師のお声が伝わってくるようです。どのような本にも著者の魂があって、それが広がるとよく申しますが、今、私もそれを実感しています。

平成六年十一月に、『日々を神の子として生きる喜び』という本を作りました。最初は

「神の子として生きる」と私が書きましたら、高彦王大神様から「日々を」、母上から「喜び」をつけ加えていただき、それがタイトルになりました。

その本を、その年の暮れに、神戸の友人にも送りました。阪神大震災のとき、その友人から「このご本のおかげで命が助かりました。届いたその夜に限ってなぜか寝室で休まず、別の部屋で寝たところ、朝の地震のあと、寝室のいろいろなものが倒れていて、そこにいたら生きていなかったと思います。このご本に助けていただいたのだと感じます。助かった私は、近所の方々を少しでもお助けしたい気持ちでいっぱいです」と、お礼を言ってくださいました。

このとき、本には魂が込められていることを実感しました。持って身近に置くだけで心が通い、お力が発揮される。もっと神戸や芦屋の人に、お渡ししておきたかったと思ったのです。

最近の本で、春日大社の葉室宮司様、遺伝子学の権威村上和雄様はじめ、多くの方々の本には、目に見えないもの、「神」または「サムシング・グレート」というものが書かれており、とても近しい気持ちで読んでおります。

神様の力を、正しい見方をもって堂々と伝えていただくことは、なによりの喜びです。

今ここに、母の念願の本ができあがり、これからはできるだけ多くの方にこの本をお読みいただきたいと思っています。誠に未熟ではございますが、皆々様のお幸せを心から祈願しつつ、あとがきとさせていただきます。

最後に、この本の作成にご協力いただきました松本様ご夫妻はじめ、多くの方々に心からの感謝を申し上げます。

本当にありがとうございました。

平成十六年十二月吉日

お祈りの言葉

一、世界人類が平和でありますよう
一、日本が他国に負けない良い国でありますよう
一、明るく住みよい社会でありますよう
一、一人ひとりが健康で幸福な家庭でありますよう
天地親神様の御守護をお祈り申し上げます

ご家庭で朝夕お祈り下さい

〈著者紹介〉

野際 ミネ子（のぎわ みねこ）

大正４年３月　和歌山県に生まれる。若い日には吉屋信子、小山いとの小説に感じ、自作の小説を書いたり、短歌や詩の創作をした。
昭和21年４月　宗教法人實行教に導かれ入会。
昭和25年２月　天神高彦王大神のご降臨を受ける。
昭和41年６月　神道實行教誠心教会設立。代表役員に就任。
昭和41年９月　神道實行教誠心教会会長に任命される。
昭和49年７月　和歌山県知事より宗教法人として認証。
平成元年５月　實行教より最高位・大教正に任じられる。

右が著者・野際ミネ子
左は編者・野際つや子

奇蹟の霊言

2005年３月15日　初版第１刷発行

著　　者　野際 ミネ子
発 行 者　韮澤 潤一郎
発 行 所　株式会社 たま出版
〒160-0004　東京都新宿区四谷4－28－20
☎03-5369-3051（代表）
http://www.tamabook.com
振替　00130-5-94804
印 刷 所　図書印刷株式会社

ISBN4-8127-0112-0 C0014